Martina Leisten

VOLL
verkackt!

W0174927

Martina Leisten

VOLL
verkackt!

Wie ich auf ganzer Linie
scheiterte und was ich
daraus lernte

Bibliografische Information der Deutschen Nationalbibliothek

Die Deutsche Nationalbibliothek verzeichnet diese Publikation in der Deutschen National-
bibliografie. Detaillierte bibliografische Daten sind im Internet über http://d-nb.de abrufbar.

Für Fragen und Anregungen:
info@mvg-verlag.de

Originalausgabe
1. Auflage 2019
© 2019 by mvg Verlag, ein Imprint der Münchner Verlagsgruppe GmbH
Nymphenburger Straße 86
D-80636 München
Tel.: 089 651285-0
Fax: 089 652096

Redaktion: Carina Heer
Umschlaggestaltung: Sonja Vallant
Umschlagabbildung: shutterstock.com/WNstock
Satz: Helmut Schaffer, Hofheim a. Ts.
Druck: CPI books GmbH, Leck
Printed in Germany

ISBN Print 978-3-7474-0111-8
ISBN E-Book (PDF) 978-3-96121-461-7
ISBN E-Book (EPUB, Mobi) 978-3-96121-462-4

Weitere Informationen zum Verlag finden Sie unter

www.mvg-verlag.de

Beachten Sie auch unsere weiteren Verlage unter www.m-vg.de.

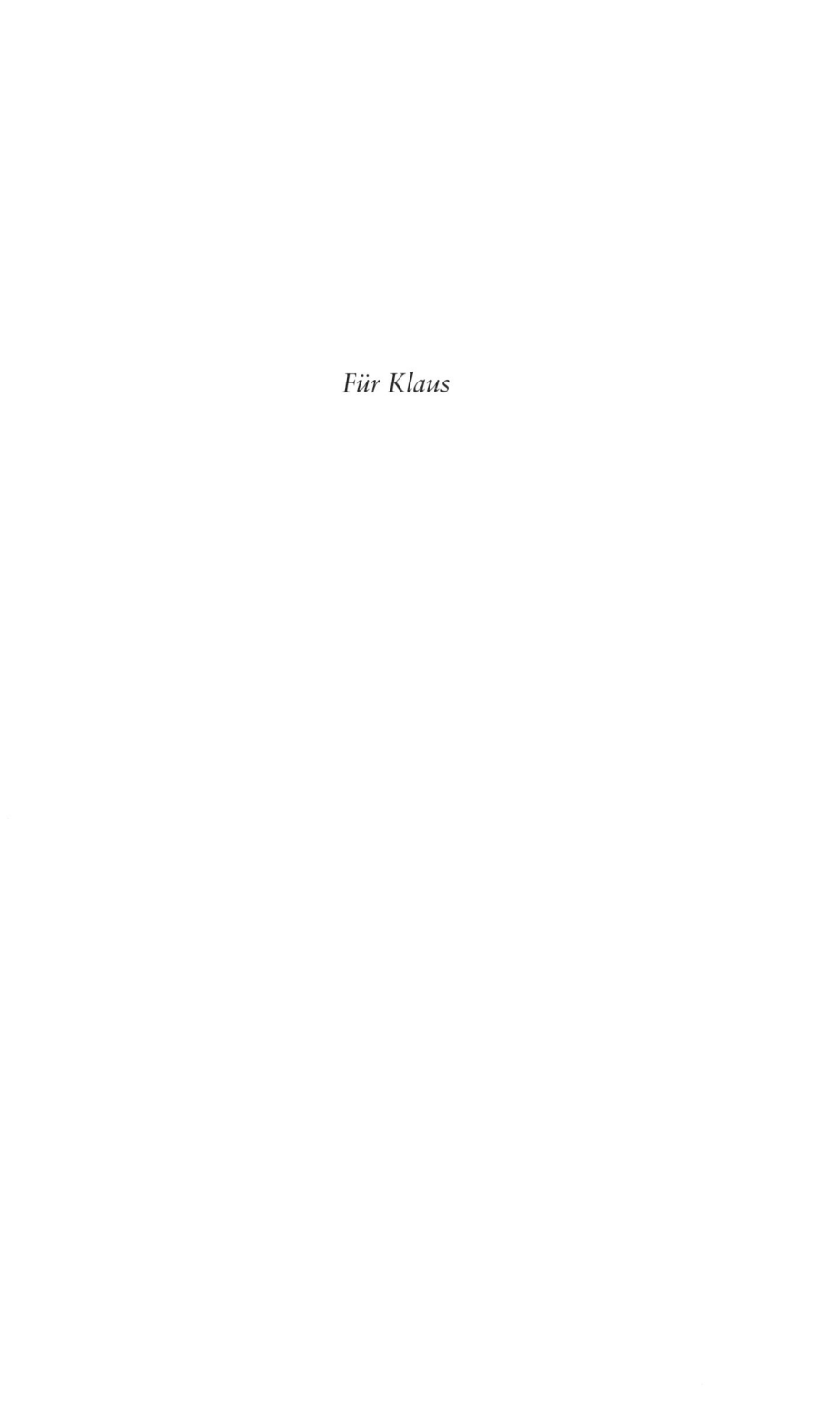

Für Klaus

INHALT

PROLOG

Es klingelte penetrant an meiner Wohnungstür. Ich stand gerade unter der Dusche und genoss die Sonnenstrahlen, die durch das kleine Badfenster auf mich schienen.

Wer zur Hölle kann das jetzt sein?

Das war sicherlich wieder der Paketbote mit einem Riesenkarton für einen meiner Nachbarn.

Okay, wenn das jetzt nicht wirklich wichtig war, würde ich ausrasten!

Schnell ein Handtuch überwerfen. Abtrocknen konnte ich mich auch später. Das raubte nur wertvolle Zeit. Ich stampfte aus dem Bad und riss wutentbrannt die Wohnungstür auf.

»Guten Tag, sind Sie Frau Leisten?«, fragte der Herr vor meiner Tür.

»Wer will das wissen?«, patzte ich ihn an.

»Ich bin im Auftrag meines Mandanten hier und möchte den Betrag von 8.675 Euro und 93 Cents von Ihnen einfordern. Sie haben die vereinbarte Ratenzahlung nicht eingehalten, weshalb ich jetzt den restlichen offenen Betrag von Ihnen sofort haben möchte. Sie können bar oder mit Karte zahlen, eine eidesstattliche Versicherung abgeben, um wahrheitsgemäß Ihre Zahlungsunfähigkeit zu bezeugen oder aber direkt mit ins Gefängnis kommen. Wie möchten Sie zahlen?«

Ich stand regungslos da. Für einen Moment hörte die Welt auf, sich zu drehen. Ich hörte die Wassertropfen, die von meinem Körper leise auf den Boden klatschten. Kater Jimmy neben mir guckte auch doof aus der Wäsche. Da half nur die Flucht nach vorne.

»Haben Sie mir gerade ernsthaft mit Gefängnis gedroht?«, fragte ich ihn empört.

»Ja, absolut korrekt«, sagte der Herr sachlich. »Das ist aber weniger schlimm, als man vielleicht denkt. Nach einem Wochenende sind Sie wieder raus.«

»Ich habe das Geld aber nicht. Was meinen Sie wohl, warum ich damals eine Ratenzahlung vereinbart habe? Ich habe keine Goldbarren unter dem Bett versteckt. Sie können sich gerne in meiner Wohnung umschauen. Kann ich denn nicht einfach weiter den Betrag wie bislang abbezahlen?«, verlegte ich mich nun aufs Flehen.

»Es tut mir leid. Aber das sind die drei Möglichkeiten, die wir haben.«

Ich stand totenblass und sprachlos wie noch nie zuvor in meinem Leben – und ich hatte schon so einiges erlebt.

Das, was ich seit zwei Jahren versucht hatte, zu vermeiden, war nun eingetreten. Ich hatte keine Kraft mehr, weiter dagegen anzukämpfen.

Dreißig Sekunden später hob ich die Hand wie vor Gericht zur Abgabe meiner eidesstattlichen Versicherung. Ich war pleite. Der Kampf war verloren.

Die Privatinsolvenz würde von nun an die Macht über mein Leben übernehmen.

So eine verdammte Scheiße!

AUF HOHER SEE

Der große Traum

Geschafft!

Dass ich vergangene Nacht durchgeackert hatte wie eine Bekloppte, hatte sich gelohnt. Meine Diplomarbeit im Fachbereich Marketing meines sozialwissenschaftlichen Studiums war pünktlich zum vorgesehenen Abgabetermin fertig geworden. Für das Korrekturlesen blieb zwar kaum noch Zeit. Aber wen juckten schon ein paar kleine Rechtschreibfehler, wenn der restliche Inhalt meiner Arbeit zum Ergebnis führte, dass ich ein Diplom in der Tasche hatte?

Meine Mühen wurden trotz kleinerer Unstimmigkeiten belohnt. Die Arbeit wurde mit einer 1,7 benotet, was als Schulnote einer Zwei mit Stern entspricht. Insgesamt kam ich mit den anderen Fächern dann auf eine 2,3, was als eine durchschnittlich gute Leistung angesehen werden konnte. Ich war zufrieden, denn ich hatte etwas geschafft. Ich hatte jetzt einen qualifizierten Hochschulabschluss erlangt, der mir einen hoffentlich reibungslosen Start ins Berufsleben ermöglichen würde!

Als ich kurze Zeit später mein Zeugnis als Diplom-Sozialwirtin in der Hand hielt, war ich bereit, mit den anderen Absolventen in das Haifischbecken »Arbeitsmarkt« zu springen. Nachdem ich nun fast fünf Jahre auf diesen Titel hinge-arbeitet hatte, waren meine Hoffnungen groß, dass ich damit den Schlüssel in der Hand hielt, um gutes Geld zu verdienen. Mittlerweile war, im Gegensatz zu vielen Dekaden zuvor, ein akademischer Titel nichts Besonderes mehr auf dem Arbeits-markt. Er wurde für fast alle Jobs, die mich interessierten, standardmäßig vorausgesetzt. Selbst dann, wenn es sich ledig-lich um ein Praktikum handelte. Und davon gab es viele. Wir schrieben nämlich gerade das große Zeitalter der »Generation Praktikum«.

Nachdem ich das Leben in der kleinen Studentenstadt Göt-tingen während des Studiums genossen hatte, wusste ich, dass ich mich für einen erfolgreichen Einstieg ins Berufsleben um-orientieren musste. Es gab dort fast ausschließlich Stellen im universitären Bereich, die für mich nicht infrage kamen. Dazu war einerseits mein Abschluss nicht gut genug und anderer-seits wollte ich in der freien Marktwirtschaft arbeiten. Hinzu kam, dass ich nach vielen Jahren in Göttingen auch eine Art »Lagerkoller« hatte und mich darauf freute, wieder in eine größere Stadt in meiner alten Heimat, dem Rheinland, zu zie-hen. Wenige Monate nach Erhalt des Diploms war die Ent-scheidung gefallen, dass ich Göttingen für immer den Rücken kehren würde. Es fiel mir zwar nicht leicht, da ich viele tolle Freundschaften geknüpft hatte, aber ich war nicht die Einzige meines Abschlussjahrgangs, die wieder raus in die weite Welt ziehen wollte. Und so war ich binnen einer Woche mit Sack, Pack und meinem Kater Jimmy nach Köln umgezogen und begann, mich eigeninitiativ zu bewerben.

Während dieser Bewerbungsphase bewahrheitete sich mei-ne Vermutung, dass ich auch hier ohne Praktikum nicht weiterkam. Ich erhielt zahlreiche Absagen auf meine Bewerbungen für gut bezahlte Jobs in Festanstellungen. Also begann ich schweren Herzens, mich auch auf Praktika zu bewerben. Ich wollte ja arbeiten und den Fuß in die Tür kriegen. Und wenn es mit so einem blöden Praktikum sein musste, dann war ich nun bereit, mich den Gegebenheiten des Arbeitsmarktes anzupassen. Wie aber sollte ich mit Ende 20 und eigener Wohnung von 250 Euro Praktikantenvergütung leben? Gingen die davon aus, dass ich wieder bei meinen Eltern einzog oder Unterstützung vom Staat beantragte? Ich entschied, dass ich mich mit diesen Fragen dann auseinandersetzen würde, wenn es so weit wäre.

Als ich meine Bewerbungsstrategie änderte, wurde ich sofort belohnt. Binnen kürzester Zeit ergatterte ich ein Praktikum in der Marketingabteilung eines renommierten Musikmagazins. Bereits an meinem ersten Arbeitstag durfte ich auf ein tolles Konzert mitgehen. Es war eine wirklich aufregende Zeit mit tollen Kollegen und großartigen Konzerten. Ich wusste aber auch von vornherein, dass ich mit dem Praktikum allein meine Miete nicht zahlen konnte. Ich musste noch zusätzlich an Abenden und den Wochenenden jobben.

Als ich nach einer Weile merkte, dass es mich total kaputt machte, an den freien Wochenenden auch noch kellnern zu müssen, und ich keinerlei Zeit hatte, um mich zu erholen, wusste ich, dass es so nicht weitergehen konnte. Kurz zuvor hatte sich eine Werbeagentur, für die ich im Studium freiberuflich tätig gewesen war, auf eine meiner früheren Initiativbewerbungen hin gemeldet und mir ein Jobangebot gemacht. Eine Festanstellung in Vollzeit.

Jackpot!

Ich griff sofort zu.

Meine Freude war dennoch mehr als verhalten. Ich fühlte mich in dem Musikverlag sehr wohl und vermutete, dass es für mich nicht besonders erfüllend sein würde, neue »Promoter«, also vor allem Studenten, die für uns Flyer verteilen oder andere Werbeaktionen übernehmen sollten, zu casten und zu koordinieren. Da ich ja bereits dort gearbeitet hatte, kannte ich die Auftraggeber und auch die Art des Arbeitens. Ich sagte der Werbeagentur dennoch zu. »Ich freue mich total auf den Job« – und log damit nicht nur sie, sondern auch mich selbst an. Lange blieb ich jedoch nicht in dieser Firma, auch wenn ich jetzt ein richtiges Gehalt bezog, von dem ich ganz gut leben konnte. Ich spürte tief in mir, dass ich nicht dafür studiert hatte, um meine wertvolle Lebenszeit mit sinnlosen Tätigkeiten zu vergeuden. Dann hätte ich auch damals direkt bei Aldi an der Kasse anfangen können und nicht studieren müssen. Ich wollte in meinem Beruf auch meine Berufung leben. Nur, was genau war diese überhaupt? Und konnte ich in der schwierigen Zeit der »Generation Praktikum« überhaupt auswählen, womit ich mein Geld verdienen wollte? Ich war innerlich zerrissen, entschied mich aber gegen die Sicherheit des für mich sinnlosen Agenturjobs. Und ließ mich kündigen. Ich hatte die Hoffnung, mich ohne den Job im Nacken neu orientieren und eine bessere Anstellung finden zu können. Wenn es doch jetzt schon mit einem solchen Job geklappt hatte, warum dann nicht auch mit einem, der besser zu mir passte?

Meine Rechnung ging nicht auf.

Nach mehreren Monaten der Arbeitslosigkeit erkannte ich, dass ich weder einen besseren Job fand, noch, dass ich genau wusste, was ich langfristig machen wollte. Ich hatte unendlich viele offene Fragen in mir, die ich mir selbst nicht beantworten konnte und mit denen ich mich gefühlt nur im Kreis drehte. Ich entschied, dass es für mich in Köln nicht weiterging. Das, was mich zuvor nach Köln gezogen hatte, nämlich die Vertrautheit meiner Heimat, stieß mich nun ab. Ich wollte einen Neustart. Etwas völlig anderes machen. Mich neu erfinden und kennenlernen. Und das möglichst ganz weit weg. Der Nomade in mir war bereit aufzubrechen. Ein weiterer Umzug also. Doch wohin sollte meine Reise jetzt gehen?

Nach Berlin natürlich. Berlin war in der Tat ganz weit weg – zumindest nach meinen damaligen Maßstäben – und zudem eine richtige Großstadt. Außerdem war Berlin für mich wirklich etwas ganz anderes. Außer auf Oberstufenfahrt in der Schule war ich noch nie in dieser Stadt gewesen. Aber irgendwie hatte mich unsere Hauptstadt schon immer fasziniert.

Keine vier Wochen später wohnte ich zur Untermiete in der bekannten Schönhauser Allee im Prenzlauer Berg. Ich hatte zwar noch keinen Job. Mein Portemonnaie verlor ich gleich am zweiten Tag mit allen wichtigen Papieren. Und ich kannte niemanden. Aber zum Glück hatte ich meinen Kater Jimmy an meiner Seite. Durch ihn fühlte ich mich weniger allein in der fremden Stadt. Und ich war bereit für ein neues und aufregendes Leben. In Berlin, hieß es, könne man noch etwas bewegen. Hier gab es viele junge Start-ups, Kreative und Querdenker. Eine Stadt also, in der ich mich hoffentlich frei entfalten und zu mir selbst finden konnte.

Ganz so aufregend wie erhofft, verlief der Start in mein neues Leben zunächst aber nicht.

Die ersten sechs Wochen verbrachte ich mit Kater Jimmy allein in der spärlich eingerichteten Altbauwohnung, die ich ungesehen aus Köln angemietet hatte. Schön war sie ohne Frage. Aber es gab keine Möbel außer einem Bett, einem Esstisch mit Stühlen und Bücherregalen voll englischer Fachliteratur von der Vermieterin. Für mich nicht gerade ein Tempel der Gemütlichkeit.

Außerdem gab es weder Fernsehanschluss noch Internet. So dermaßen auf das Wesentliche reduziert, hatte ich mir mein Leben im hippen Prenzlauer Berg in einer schicken Altbauwohnung nicht vorgestellt. Ich setzte also alles daran, diesen Zustand schleunigst zu ändern. Zeit genug, um mich um Jobs zu kümmern hatte ich. Zudem kannte ich noch niemanden, mit dem ich hätte Kaffee trinken und mich ablenken können. Ein netter Nachbar hatte mir beim Einzug zwar mit meinen Kisten geholfen und war zum Glück auch für mich da, als ich mein Portemonnaie inklusive aller Ausweise und Bankkarte verloren hatte. Aber mehr als das ergab sich aus diesem Kontakt nicht. Ich hatte aber immer schon gut neue Kontakte schließen können und machte mir diesbezüglich am wenigsten Sorgen. Da unterschied ich mich von vielen Bekannten, die sich nicht vorstellen konnten, ohne Freunde, Partner und ohne Job in eine fremde Stadt zu ziehen. Ich war da einfach angstfrei wie in vielen anderen Lebensbereichen auch.

Um meinen neuen Alltag zu strukturieren und auch um täglich ein bisschen unter Menschen zu kommen, ging ich jeden Tag in ein benachbartes Internetcafé und arbeitete stoisch meine Listen ab. Ich verschickte eine Bewerbung nach der anderen. Häufig, ohne genau darauf zu achten, wofür ich mich überhaupt bewarb. Doch der Druck war groß, und so versuchte ich, durch eine möglichst große Streuung an einen guten Job zu gelangen.

Nach einer gefühlten Ewigkeit war es dann endlich so weit. Offiziell waren zwar erst wenige Wochen vergangen, aber für einen ungeduldigen Menschen wie mich war das wirklich eine lange Zeit. Eine große, nationale PR-Agentur lud mich zum Vorstellungsgespräch ein. Und – was für ein Karrieresprung – diesmal würde es nicht um ein Praktikum, sondern um ein Volontariat gehen. Ich kannte diesen Begriff aus dem Bereich des Journalismus, bei dem nicht jeder einfach so einen derartigen Platz ergattern kann. Außerdem enthielt der Job noch das Versprechen, nach den knapp zwei Jahren, die das Volontariat dauern sollte, in einer Festanstellung in der gleichen Agentur anfangen zu können. Wobei ich nicht so naiv war, das wirklich zu glauben. Was gab es Besseres, als hoch qualifizierte Arbeitskräfte auf diese Art billig für sich arbeiten zu lassen? Ich war Realistin und nicht mehr gewillt, solche Ammenmärchen zu glauben. Zu viele Unternehmen beschäftigten mittlerweile fast ausschließlich Praktikanten und Volontäre. Ich ließ mich trotzdem darauf ein, besser als ein Praktikum war ein Volontariat allemal. Dennoch würde ich nicht viel verdienen, musste aber immerhin nicht zusätzlich arbeiten, wenn ich bereit war, mich finanziell stark einzuschränken.

Ich bekam den Job und war voller Hoffnung, jetzt endlich in ein neues Leben durchstarten zu können. Mein erster

Arbeitstag verlief dann jedoch mit dem Gefühl, im falschen Film gelandet zu sein.

Ich hatte vor und während meines Studiums freiberuflich über viele Jahre lässig Werbefilme in Sneakern organisiert. Hatte ständig mit interessanten Models, Regisseuren und Agenturen zu tun gehabt. Ich konnte es im Sommer schneien lassen, wenn es der Film verlangte. Ich war kreativ. Innovativ. Und organisiert. Und jetzt sollte ich Kongresse für verschiedenste Ministerien koordinieren? Hatte ich beim Vorstellungsgespräch nicht richtig zugehört oder wollte ich es nicht hören? Das wirkliche Ausmaß meines zukünftigen Arbeitsumfeldes wurde mir erst jetzt schlagartig bewusst. Und ich erschrak. Ich war nämlich keine Beamtenseele, die sich in ein Businesskostüm quetschen lassen wollte. Aber was sollte ich nun tun? Ich konnte nicht einfach wieder absagen. Ich entschied mich dafür, es durchzuziehen. Ich hatte mir die Suppe eingebrockt. Jetzt musste ich sie auch auslöffeln.

Während es in meinem familiären Umfeld gut ankam, dass ich in Berlin jetzt »mit den hohen Tieren« zu tun hatte, machte sich in mir eine beklemmende Leere breit. Wieder organisierte ich irgendeinen Quatsch, zu dem ich keinerlei Bezug hatte. Statt Promotern für Hundefutter koordinierte ich nun Dolmetscher für Ministerkonferenzen. Immerhin hatte ich nette Kollegen. Aber ob das auf die Dauer ausreichte?

Ich kannte die Antwort vom ersten Tag an. Und auch in dieser Agentur hielt ich es nur wenige Monate aus. Ich brachte immerhin recht erfolgreich einen Schulleiterkongress und eine Ministeriumskonferenz hinter mich. Ich versuchte, mich dabei gedanklich an den schönen Momenten des Jobs festzuhalten.

Bei der Schulleiterkonferenz ging es teilweise sehr sachlich und stressig zu. Da kam ich auf die Idee, mir meine Handschrift auf den Namensschildern von den Lehrern benoten zu lassen, was viele zum Lächeln und mir letztlich auch ein großes Dankeschön vom Auftraggeber einbrachte.

Nach einer erfolgreich organisierten Konferenz eines Ministeriums wiederum erhielt ich zum Beispiel zahlreiche freundliche Dankesmails von Dolmetschern und anderen Beteiligten, die ich mir extra ausdruckte, um sie mir als Motivation an den Rechner zu kleben. Es half aber alles nichts. Der Job interessierte mich weiterhin nicht die Bohne. Ich kapitulierte innerlich und mein Körper ebenso. Ich hatte unerträgliche Rückenschmerzen, mit denen ich weder schmerzfrei sitzen, liegen oder stehen konnte. Nach einigem Überlegen ließ ich mich erneut kündigen. In einem Abschlussgespräch hatte mir mein Arbeitgeber sein vollstes Verständnis signalisiert. Doch das Arbeitszeugnis sprach eine andere Sprache. Ich warf es in die Tonne, da ich es für zukünftige Bewerbungen nicht benutzen könnte. Ich hätte ein besseres Zeugnis einklagen können. Aber ich hatte keine Kraft, dafür zu kämpfen, und fiel erneut in ein tiefes Loch.

Zu diesem Zeitpunkt beantragte ich zum ersten Mal Arbeitslosengeld II – bekannter unter dem Namen »Hartz IV«, da die Zeit, in der ich in Berlin und Köln angestellt gewesen war, zusammengerechnet trotzdem nicht für Arbeitslosengeld I ausreichte. Ich hatte ein ungutes Gefühl, mich beim Jobcenter melden zu müssen. Ich wusste aus Erzählungen und TV-Berichten, dass man dort eventuell zu Ein-Euro-Jobs verdonnert werden konnte. Das machte mir schon ein wenig Angst. Bei der Vorstellung, ein weiteres Praktikum zu beginnen, spürte ich jedoch erneut ein tiefes Stechen im Kreuz. Ich meldete mich beim Jobcenter und war positiv überrascht. Meine ersten Erfahrungen auf dem Amt waren gar nicht so schlimm wie erwartet.

Anstatt sinnlos nach prekären Jobs suchen zu müssen, erfuhr ich, dass ich ein Coaching finanziert bekommen konnte. Ich hatte meinen Vermittler wahrheitsgemäß davon überzeugen können, dass ich aufgrund meiner Erfahrungen nicht wusste, wo meine berufliche Reise hingehen sollte. Vor allem, weil ich mir auch eine selbstständige Tätigkeit vorstellen konnte. Denn eins hatte ich in diesem ersten Berufsjahr nach dem Studium bereits festgestellt: Ich wollte lieber mein eigener Chef sein, als mich weiterhin den aus meiner Sicht schlechten Gegebenheiten des Arbeitsmarktes für Angestellte aussetzen zu müssen.

Der Herbst brachte dann endlich den erhofften »Berlin-Drive« in mein Leben. Wie gewünscht, erhielt ich mein individuelles Coaching als Maßnahme vom Jobcenter finanziert. Gefühlt hatte ich zum ersten Mal in meinem Leben die Erlaubnis, mich ernsthaft mit mir und meinen beruflichen Wünschen zu befassen, ohne gleich eine Bewerbung nach der anderen hinausballern zu müssen. Bis dahin hatte die einzige Berufsberatung, in deren Genuss ich gekommen war, kurz vor dem Abitur stattgefunden. An unserem Wandertag war die ganze Klasse nach Köln in ein großes Arbeitsamt gefahren und hatte sich in alten Schmökern verschiedenste Berufe anlesen dürfen. Zusätzlich gab es an Computern eine Art Frage-und-Antwort-Spiel, das uns bei der Berufswahl helfen sollte. Das war alles.

Ich wusste danach zwar besser, welche Ausbildungen und Studiengänge es so gab. Aber was ich beruflich machen wollte, wusste ich deshalb immer noch nicht. Ich war nach diesem Tag gefühlt also genauso schlau wie vorher.

Ich erwartete jetzt also etwas mehr als diesen damaligen groben Berufeüberblick von meinem Jobcenter-Coaching. Im Netz nach Berufsarten googlen konnte ich nämlich noch immer selbst. Was ich aber brauchte, war eine strukturierte Herangehensweise und vor allem eine Hilfestellung, um einen besseren Weg in ein erfolgreiches Berufsleben zu finden als den, den ich bislang gegangen war. Mein zukünftiger Berater hieß Stefan. Er war mir auf Anhieb sympathisch. Ein ehemaliger Filmproduzent, der sich durch eine Coachingausbildung auf Existenzgründungsmanagement spezialisiert hatte. Ich merkte schnell, dass mir dort ein erfahrener Mann gegenübersaß, mit dem ich auf einer Wellenlänge lag und der mich nicht in irgendeine Rolle drängen würde, die nicht zu mir passte.

Mit dem intensiven Coaching, das mehrfach in der Woche stattfand, brach eine unvergessliche Zeit in meinem Leben an. Es war ein bisschen so, als würde Stefan mir kleiner Raupe dabei helfen, mich zu verpuppen, um dann später als schöner und erfolgreicher Schmetterling in die Welt hinauszufliegen.

Es ging bei unseren Gesprächen sehr viel um meine Persönlichkeit, meine Talente und natürlich auch um meine Ziele. Zum ersten Mal in meinem Leben hatte ich das Gefühl, dass ich als Mensch total in Ordnung war, genauso wie ich war. Dass meine Wünsche weder irrational noch überheblich waren. Dass ich frei und groß denken durfte, um etwas zu erreichen. Das klang vielleicht banal. Aber da mir diese Fähigkeiten nicht gerade in die Wiege gelegt wurden, war ich glückselig, einen Mentor gefunden zu haben, der mir dabei beistand. Und wahrscheinlich war es auch genau das, was ich mir von meinem Umzug nach Berlin erhofft hatte. Parallel zu seinem Coaching entdeckte ich selbst noch eine amerikanische Buchautorin, die mir mit ihren Ratgebern aus der Seele sprach. In ihren Büchern ging es darum, zu erkennen, wer man wirklich war, wie wichtig es war, Träume zu haben und zu realisieren, dass man sich, je nach Charakter, nicht zwangsläufig nur auf eine Sache im Leben beschränken musste. Da ich schon durch die Wahl meines Studiums eher ein Generalist als ein Spezialist war und immer auch schon in meinen Nebenjobs eine Art »Hans Dampf in allen Gassen« war, halfen mir ihre Werke zusätzlich, mich auf den Weg zu mir, meiner Berufung und dem passenden Lebensmodell zu begeben. Eines wusste ich unbewusst nämlich schon immer: Für ein »normales« Leben mit einem »normalen« Nine-to-Five-Job war ich nicht geboren. Irgendwann – nach einer langen Phase des intensiven Brainstormings – war es schließlich so weit: Der Kokon brach auf, der Schmetterling begann, zu schlüpfen. Das war sie plötzlich: die Idee, ein eigenes Café zu führen. Sie kam zunächst ein wenig wie aus dem Nichts. Aber die Grundsteine dafür hatte ich in der Vergangenheit längst gelegt. Ich hatte nämlich mein Studium zum großen Teil selbst durch Jobs finanziert. Ein Bereich meiner Arbeit waren das Produzieren von Werbefilmen und das Ausführen von Werbeaktionen wie z.B. Gratisverteilaktionen auf Festivals gewesen, der andere die Gastronomie. Schon zu Abiturzeiten hatte ich in der Dorfpommesbude gekellnert. Drei Teller mit wackeligen Eierbechern zu tragen, hatte ich dann später in einem Kölner Traditionscafé gelernt.

Die dortige, teilweise harte Schule hatte mir zudem noch geholfen, den Überblick in stressigen Situationen zu behalten und schnell abkassieren zu können. Während des Studiums in Göttingen arbeitete ich dann mehrere Jahre in einem Studentencafé. Dort war man meist alleine tätig, was wiederum die Koordinationsfähigkeit schulte. Neben diesen beiden Jobs hatte ich aber zusätzlich noch in weiteren Bars und Restaurants gearbeitet, wodurch ich die unterschiedlichsten Betriebsmodelle kannte. Aus meiner Sicht war ich also auch ohne klassische Berufsausbildung in der Lage, selbst einen gastronomischen Betrieb zu führen. Auch Stefan war anhand meiner bisherigen Berufserfahrungen davon überzeugt, dass ich branchentypische Fachkenntnisse mitbrachte, und bestätigte mich in meiner Selbsteinschätzung.

Es bestanden für uns beide also wenig Zweifel daran, dass ich bereits einschlägige Berufserfahrung mitbrachte. Und dass es ein Café und keine Kneipe werden sollte, wusste ich auch sofort. Ich liebte das Tagesgeschäft rund um Kaffee, Kuchen und Frühstück. Das gastronomische Abend- bzw. Nachtgeschäft war mir auch sehr vertraut, zog mich in meinem eigenen Vorhaben gedanklich aber nicht so in seinen Bann.

Jetzt stellte sich nur noch die nicht ganz unwichtige Frage nach der Finanzierung. Ich war offiziell Hartz-IV-Empfängerin ohne eigene Rücklagen. Ich hatte keine reiche Verwandtschaft. Und zudem würde mir keine Bank der Welt einen Kredit geben. Dachte ich zumindest.

Mit einer der glücklichsten Tage in dieser Zeit war jener, als Stefan mit mir die Möglichkeiten durchging, wie ich an Gelder für den Laden kommen könnte. Wir hatten zu diesem Zeitpunkt bereits eine grobe Kalkulation mit dem notwendigen Minimum durchgeführt. 10.000 Euro mussten es mindestens sein. Dabei schlossen wir aber von vornherein Objekte aus, bei denen ich eine Ablösesumme zu zahlen hätte, die meist erst bei 50.000 Euro losging. Wir wussten zwar beide, dass man sich mit einer Ablöse eine gute Lage und Stammkunden erkaufen konnte. Aber da ich solche Summen auf gar keinen Fall aufbringen konnte, stand fest, dass ich kleiner zu denken hatte. Dann musste ich mich eben von null alleine hocharbeiten zur erfolgreichen Gastronomin. Aber hey, ich lebte schließlich in Berlin. War es da nicht an der Tagesordnung, dass man eine Kaffeemaschine und ein paar olle Möbel vom Flohmarkt in einen Raum stellte und ein Jahr später ein gut laufendes Szenecafé besaß? Ich war also mehr als optimistisch, dass ich trotz eingeschränkter finanzieller Mittel Erfolg haben würde.

Wir kamen schließlich auf eine Berliner Bank, die Kleinkredite zeitnah, auch an Arbeitslose, vergab und auf Gründer spezialisiert war. Das Einzige, was man brauchte, war eine saubere Schufa, in meinem Fall einen Vormietvertrag für einen Laden und einen gut durchdachten Businessplan. Aber Letzteres war für mich die kleinste Schwierigkeit. Mit Zahlen hatte ich schon immer gut umgehen können und dank Stefans Hilfe hatte ich ziemlich schnell einen perfekt ausgearbeiteten Plan zur Hand. Und zum Glück hatte ich zu dieser Zeit noch keine Schufa-Einträge, sodass die einzige Herausforderung aus damaliger Sicht nur noch in der Anmietung eines passenden Objekts bestand.

Ich hatte also zusammengefasst innerhalb weniger Monate nicht nur entschieden, nicht mehr angestellt, sondern selbstständig arbeiten zu wollen und hierzu nicht nur eine konkrete Geschäftsidee entwickelt, sondern auch noch eine Finanzierungsmöglichkeit in Aussicht. Ich schwebte innerlich auf Wolke sieben. Genau das war das Lebensgefühl, das ich mir durch meinen Umzug nach Berlin erhofft hatte. Da fehlte eigentlich nur noch der passende Mann an meiner Seite.

Wie es der Zufall so wollte, sollte ich auch den kurze Zeit später kennenlernen. Auf einer Party von Freunden stieß ziemlich spät ein großer, bärtiger Typ mit Jägermeister in der Hand dazu. Tim. Ich mochte ihn auf Anhieb. Er blieb nicht nur über Nacht, sondern für länger. Gestärkt durch die rosarote Brille der Verliebtheit, freute ich mich umso mehr auf den bevorstehenden Neustart mit meinem Café. Ich versprühte Lebensfreude wie zuletzt als verliebter Teenager. Und Tim war nicht nur von mir als seiner Freundin angetan, sondern auch von der Zielstrebigkeit, mit der ich als Unternehmerin an mein Vorhaben heranging. Er selbst war zwar als Handwerker angestellt, konnte sich aber auch vorstellen, irgendwann einmal selbstständig zu sein. Ich fühlte mich von ihm geliebt und verstanden. Alles war perfekt in dieser Zeit.

Und so machte ich mich voller Schwung auf die Suche nach einer passenden Immobilie. Ich durchstöberte die gängigen Internetseiten in der Hoffnung, dort überhaupt etwas Bezahlbares zu finden. Ich wusste ja selbst, dass die guten Objekte oft unter der Hand weggingen und meist nur noch die Läden auf dem offiziellen Markt waren, die entweder verhältnismäßig teuer waren oder irgendwelche Makel hatten. Läden, für deren Anmietung eine Maklerprovision fällig wurde, schieden für mich leider auch von vornherein aus. Also musste ich bei meiner Suche auf eine gewisses Quäntchen Glück hoffen, um überhaupt einen passenden Laden zu finden.

Von Vorteil bei der Immobiliensuche war, dass ich auch als Berlinneuling sehr genau wusste, wo die angesagten Ecken in den Bezirken der Gastronomie waren. Ich hatte nicht nur viel darüber gelesen, sondern war auch selbst viel unterwegs gewesen und kannte eine Menge Läden und guter Ecken. Und ich meinte auch, von mir behaupten zu können, zu wissen, was eine gute Ladenimmobilie ausmacht. Neben der Lage in Bezug auf weitere ansässige Geschäfte, Plätze und angrenzende Straßen musste auch das Objekt an sich schon bestimmte Eigenschaften mit sich bringen. Hierzu zählen nicht nur Baujahr, Raumaufteilungsmöglichkeiten oder Architektur, sondern eben auch die Tatsache, ob der Laden als Gebäude alleinsteht, in einer Häuserreihe liegt oder ein Eckladen ist. Ein guter Eckladen gilt häufig als das Wunschobjekt eines Gastronomen. Das hängt damit zusammen, dass ein solcher Laden durch das Aufeinandertreffen zweier oder mehrerer Straßen einfach besser von Menschen wahrgenommen wird. Liegt dieser Eckladen dann zusätzlich noch an einem schönen Platz in einer gut frequentierten Gegend, ist das fast schon die halbe Miete. Aber ich war mir dessen auch bewusst, dass ich nicht genügend Mittel für einen tollen Eckladen in 1A-Lage hatte. Aber so ein Laden neben dem heiß begehrten Eckobjekt, das wäre doch was, dachte ich mir noch, optimistisch wie ich damals war. Mit einem solchen Nachbarn hätte ich dann zwar nicht das Topobjekt selbst, könnte aber vielleicht ein Stück vom Erfolgskuchen abhaben. Ich malte mir aus, dass dessen Gäste dann auch meinen Laden wahrnehmen würden und beim nächsten Besuch auch mal bei mir vorbeischauten. Lieber also neben einem Eckladen ansässig sein und von einem eventuellen Abstrahleffekt profitieren als irgendwo alleine auf weiter Flur.

Ich schaute mir insgesamt genau drei Läden an. Ähnlich wie bei Wohnungen hatte ich vorab schon unglaublich viel selektiert, um mir Zeit zu ersparen. Ich erkannte schon an den Bildern oder der Anzeige, in welchem Zustand das Objekt war. Dafür musste ich dann nicht extra noch in eine Bruchbude fahren, um den Beweis dafür zu erhalten, dass das Objekt nichts taugte.

Der erste Laden im Kreuzberger Wrangelkiez wurde es nicht. Die Lage in einer wenig besuchten Seitenstraße war mittelmäßig, vor allem aber war die stets fehlende Sonne durch die riesigen Bäume ein Manko. Außerdem lagen die Renovierungskosten dann schließlich doch ein bisschen zu weit über meinem Budget.

Der zweite Laden lag für ein Café strategisch günstig im Kreuzkölln an einem großen Spielplatz. Und war sogar ein Eckladen. Allerdings war das Ganze nicht mehr als ein Rohbau und hatte zudem mehrere Stufen im Eingangsbereich, wodurch er leicht erhöht lag. Weder behinderten- noch kinderwagengerecht also. Außerdem waren die Fenster eher die einer Wohnung und keine großen Ladenschaufenster, sodass man den Laden aus meiner Sicht auch nicht wirklich als Laden wahrnahm.

Objekt Nummer drei war zwar nicht mein Favorit, weil er sehr groß war. Aber der Laden lag in Friedrichshain in der

Nähe des Boxhagener Platzes, auch »Boxi« genannt. Eine wirklich schöne Ecke zum Leben und Ausgehen. Ein Nachteil war jedoch, dass der Laden als ehemalige Kneipe mit einem riesigen Biertresen mit Zapfanlage ausgestattet war. Ich wollte doch ein Café und keine Kneipe eröffnen. Und so einfach rausreißen lassen würde ich den Tresen sicherlich auch nicht können, vermutete ich. Doch ich schob meine ersten kleinen Zweifel beiseite und vereinbarte einen Besichtigungstermin mit der schon am Telefon sehr sympathischen Hausverwalterin. Ich erzählte ihr grob von meinem Vorhaben, und sie freute sich darauf, mich persönlich kennenzulernen.

An einem sonnig-kalten Tag im Februar stürmte ich dann freudig in den Laden zur Besichtigung. »Oh wow, ein Eckladen direkt am Boxi«, dachte ich noch draußen auf der Straße. »Und das zu dem Preis! Und er wird auch noch für mich renoviert?! Besser kann es nicht laufen!«

Ich trat ein und stellte mich dem Mann auf der Leiter als neue potenzielle Mieterin des Ladens vor. »Toll, dass Sie mit der Renovierung bereits begonnen haben!« Dem Mann klappte die Kinnlade runter. Er stieg von der Leiter und fuhr mich an, dass das sein Laden sei, und was ich hier verflucht nochmal wolle. Wie peinlich! Zielsicher war ich in den falschen Laden gerannt. Immerhin konnte ich mich auf mein Gespür für gute Objekte verlassen.

Zwei Minuten später stand ich mit der Hausverwalterin ein Haus weiter im richtigen Objekt. Ich Idiot! Ich hätte aufgrund der Backsteinmauern auf den Bildern auch von außen erkennen können, dass dieser hier der ausgeschriebene Laden war. Dass ich intuitiv daran vorbeigelaufen war, sollte sich später noch als größeres Problem entpuppen. Denn »fast direkt am Boxi« bedeutet auch eben nur »fast«.

Für mich war die Besichtigung trotz vorheriger Zweifel perfekt. Der Laden hatte nicht nur eine aktuelle Konzession, die Alkoholausschank erlaubte, sondern sogar noch eine funktionierende eingebaute Kühltheke mit Zapfanlage und viele weitere funktionsfähige Geräte in der Küche. Diese Fakten, die mich zuvor aufgrund meines Vorhabens, ein Tagescafé zu eröffnen, haben zweifeln lassen, ließen mich nun alles von einem anderen Licht aus betrachten. Ich erkannte, dass die teure Konzession und die Mitvermietung der Thekenzapfanlage eigentlich auch etwas Gutes sein konnten. Ich kannte aus meiner Berufserfahrung einige Läden, die als Mischkonzept funktionierten. Tagsüber Café, abends Kneipe. Wenn es gut lief, bedeutete dies größere Umsätze und bessere Gewinnchancen, als wenn man sich nur auf das Tagesgeschäft konzentrierte. Vereinfacht ausgedrückt: längere Öffnungszeiten gleich mehr Chancen auf Umsatz. Ich wollte zwar gerne aus persönlichen Vorlieben lieber ein Café führen. Hatte mich aber auch aus rein finanziellen Gründen darauf fokussiert. In den wenigsten Fällen kam man nämlich an ein bezahlbares Ladengeschäft ran, das sowohl eine Konzession als auch eine ausgestattete Tresenanlage mitvermietete. Ich bemerkte schnell, dass dieser neue Aspekt ein wahrlicher Glücksfall sein konnte.

Bei der weiteren Besichtigung stellte ich fest, dass der Laden zwar renovierungs-, aber nicht sanierungsbedürftig war. Auch hier würden sich die Renovierungskosten auf ein normales Ausmaß beschränken, was sich schnell als weiterer Bonus für mich erwies.

Und auch mein abschließender Hinweis an die Verwalterin, dass ich erst einen Kredit von der Bank bekommen würde, wenn mir ein Vormietvertrag vorläge, stellte kein Problem dar. Sie gestand mir in dem Kontext, dass in den letzten Jahren leider so einige in dem Laden ihr Glück versucht hätten, und sie nun mit mir daraus endlich ein gut laufendes Objekt machen wolle. Wie ihr zu Ohren gekommen war, hatte die letzte Besitzerin sogar in ihrer Verzweiflung Gardinen an die Fenster angebracht, um abends »oben ohne« bedienen zu können. Ach du Schreck! Wie verzweifelt muss man sein? Die Vorgängerin tat mir zwar unglaublich leid, aber als ich das hörte, war ich mir ziemlich sicher, dass ich es niemals so weit kommen lassen würde. Zuvor hätte man doch die Reißleine ziehen und aus dem Mietvertrag aussteigen können. Oder?

Die Verwalterin lenkte schnell vom Thema ab, indem sie mir sagte, dass mein Konzept gut durchdacht sei und ich auch, wie am Businessplan zu erkennen, gut mit Zahlen umgehen könne. Sie könne sich sehr gut vorstellen, dass ich endlich frischen Wind in das Objekt bringen und den Laden zum Erfolg führen könne. Das ging runter wie Öl.

Ich war sofort Feuer und Flamme. Die Verwalterin spürte meine Begeisterung, und auch sie hätte mir am liebsten sofort den Zuschlag gegeben, wie sie sagte. Wir sollten jedoch beide noch einmal darüber schlafen und uns am nächsten Tag mit dem Ergebnis kurzschließen.

Ich jubelte innerlich.

Ich hatte meinen Laden gefunden.

Für mich war die Sache entschieden.

Ich schlief zwar offiziell noch eine Nacht darüber, um der Verwalterin am nächsten Tag meine Zusage zu geben, aber bereits am selben Abend teilte ich Tim und auch Coach Stefan mit, dass ich meinen Laden gefunden hatte. Es ging jetzt nur noch um kleine Details.

Von außen betrachtet, könnte man jetzt vielleicht denken, dass ich mich vorschnell für den Laden entschieden haben könnte. Oder anders formuliert: Es gibt sicherlich Menschen, die sich nicht vorstellen können, dass man eine derart wichtige Entscheidung in so kurzer Zeit treffen kann. Vermutlich sind das aber auch diejenigen, die selbst generell Schwierigkeiten haben, überhaupt Entscheidungen zu treffen. Viele Menschen neigen aus meiner Sicht aus Unsicherheit oder Angst dazu, sich wochenlang in Gedankenkarussellen im Kreis zu drehen und dadurch bestimmte Vorhaben nicht in Angriff zu nehmen. Sie wollen es vermeiden, Fehler zu machen, und entscheiden sich letztlich vielleicht sogar gar nicht. Ich habe schon viele Menschen kennengelernt, für die das Träumen sicherer war, als wirkliche Schritte in die Realisierung zu wagen. Verbunden hiermit war auch oft die Angst vor dem Scheitern.

Auch ich hatte schon immer unbewusst Angst vor dem Scheitern. Wer nicht? Niemand möchte doch gerne auf die Nase fallen. Und auch ich wollte mich natürlich absichern. Aber ich habe mich nicht von diffusen Ängsten abhalten lassen, mein Herzensprojekt zu realisieren. Nicht umsonst habe ich fast ein Jahr an Vorbereitungszeit für dieses Vorhaben benötigt. Ich habe mir fachliche Unterstützung gesucht, bin die Pros und Contras durchgegangen und habe letztlich alles in die Wege geleitet, um mein Projekt so gut geplant wie möglich realisieren zu können. Ich kannte die Voraussetzungen, die ich hatte: nämlich fast kein Budget, keine finanziellen Sicherheiten und als Neugründer auch keine Garantie auf Erfolg mit meinem Laden. Ich wusste also um ein bestimmtes Risiko, das mit meinem Vorhaben einherging. Aber ich habe mich darauf eingelassen. Ich habe für meine Voraussetzungen aus meiner Sicht das Beste bekommen, was ich kriegen konnte. Von daher war die Entscheidung für den Laden für mich weder voreilig noch undurchdacht, sondern die logische Konsequenz auf dem Weg, den ich gegangen bin. Dass ich dann in dem Moment so klar Ja sagen konnte, lag an meiner generellen Entschlussfreudigkeit. Jedoch hätte es auch gut möglich sein können, dass ich erst noch dreißig weitere Objekte hätte besichtigen müssen, bis ein passender Laden dabei gewesen wäre. Hier hatte ich einfach Glück, dass ich ihn so schnell fand. Im Nachhinein stellt sich mir von daher überhaupt nicht die Frage, ob ich mich zu schnell für diesen Laden entschieden habe. Ich hätte mich vielleicht eher fragen können, ob es so eine gute Idee war, aus der Arbeitslosigkeit heraus ohne jegliche finanzielle Rücklagen nur mit einem Minikredit zu gründen. Aber diese Frage stand für mich damals erst mal nicht im Vordergrund.

Keine zwei Wochen später hatte ich nach erfolgter Zusage der Verwalterin und ausgestelltem Vormietvertrag für den Laden den entscheidenden Termin für die Beantragung meines Darlehens bei der Bank. Für diesen Anlass war es gut, dass ich meinen Blazer vom Ministeriumsjob doch noch aufgehoben hatte. Ich wollte ja schließlich seriös wirken. Mit dem ausgedruckten Businessplan und dem Vormietvertrag in der Tasche lief das Gespräch wie am Schnürchen. Die Sachbearbeiterin hatte zwar die üblichen Einwände. Sie meinte, es gebe doch schon so viele Läden dort in der Ecke, und man verdiene doch damit nicht wirklich viel Geld. Aber ich nahm es sportlich wie in einem Bewerbungsgespräch und war auf diese Einwände gut vorbereitet. Ich konnte mich und meine Ideen schon immer gut verkaufen. Jetzt hieß es nur noch, geduldig auf die Entscheidung der Bank warten.

Das Frollein Palisander

Keine vier Wochen später hatte ich dann die beantragten 10.000 Euro als Darlehen von der Bank auf meinem Konto und den Ladenmietvertrag in der Tasche. Ich erinnere mich nur zu gut, wie ich im Internetcafé meinen Kontostand aufrief und innerlich jubelte. Wow! Noch nie hatte ich so viel Geld besessen. *Was wäre, wenn ich jetzt einfach damit abhauen würde? Oder mir davon etwas vollkommen anderes genehmigen würde wie zum Beispiel eine Schönheitsoperation?*

Woher kamen nur diese Fluchtgedanken?

Ich wollte doch den Laden aufziehen. Das war mein großer Traum. Oder etwa nicht?

Ich erschrak vor mir selbst und schob diese kurze Entgleisung auf das ungewohnte Gefühl des Reichtums. Ich war froh, dass ich endlich wusste, was ich beruflich machen wollte. Und nichts anderes zählte jetzt für mich.

Im Nachhinein frage ich mich manchmal, ob dieser Moment des Zweifelns völlig normal war oder ob ich ihn als Warnsignal hätte ernst nehmen müssen. Wer jedem kleinsten Anflug von Zweifel nachgeht, wird keinen Schritt auf unbekanntes Terrain wagen. Wer wichtige Zweifel ignoriert, kann sich damit auch schaden. Ich glaube heute, dass ich dem Gefühl zwar nicht weiter nachgegangen bin, es aber insofern ernst genommen habe, dass es mir noch bis heute im Gedächtnis geblieben ist.

Wie geplant startete ich nun in die heiße Phase der Ladeneröffnung. Der Frühling war da und ich strotzte nur so vor Energie. Wie ein kleines Kind freute ich mich jeden Morgen darüber, dass meine Selbständigkeit in immer greifbarere Nähe rückte. Nur noch 20 Mal schlafen zählte ich mit. Ich war wie auf Speed. In mir war eine so unglaubliche Energie, dass ich an fast nichts anderes denken konnte. Ich war verliebt in Tim *und* in mein Leben!

Trotz dieser wunderbaren Grundstimmung war ich mir dessen bewusst, dass das hohe Energielevel auch dem starken finanziellen Druck geschuldet war, der von außen auf mir lastete. Ich hatte einfach keine andere Wahl, als schnell zu eröffnen. Mit Miete und Kaution war schon fast die Hälfte meines Budgets verbraten. Den Rest brauchte ich für Renovierung, Wareneinkäufe und Equipment. Es war klar, dass ich vom ersten Öffnungstag an Umsätze einfahren musste, um die Folgemiete zahlen zu können. Schuld daran war auch, dass ich bei Vertragsabschluss nicht mehr als zwei mietfreie Wochen zur Renovierung hatte rausschlagen können. Vielleicht fehlte mir ja einfach ein Stück weit der Biss für solche Verhandlungen. Ich hatte diesen Laden so unbedingt haben wollen, dass ich Angst gehabt hatte, durch irgendeine Forderung den Mietvertrag zu gefährden und das Kartenhaus zum Zusammensturz zu bringen. Was hätte ich dann tun sollen? Ich hatte das Ziel, einen eigenen Laden zu führen. Und nur so bekam ich einen.

Ich musste also zusehen, wie ich damit klarkam, und das Beste daraus machen. Also versuchte ich, die Renovierung und den Start einfach gut zu organisieren. Das konnte ich ja immerhin. Wenn ich Werbefilme, Hundefutterwerbeaktionen und Ministeriumskonferenzen koordinieren konnte, dann ja wohl auch so eine »lächerliche« Ladenrenovierung.

An Hilfe von außen dachte ich dabei zunächst nicht. Ich wollte den Laden mit wenig Geld aufziehen. Also musste ich da auch alleine ranklotzen. Meine Wohnungen hatte ich bis dato auch immer selbst renoviert. Da Tim zu der Zeit Vollzeit arbeitete, kam mir auch nicht in den Sinn, ihn um Hilfe zu bitten. Das konnte ich ja nicht von ihm erwarten, dass er nach Feierabend noch bei mir rumspachtelte. Große Liebe hin oder her.

Ich hatte Angst davor, ihn direkt um Hilfe zu bitten, da ich dies als Schwäche von mir auslegte. Also wählte ich unbewusst den indirekten Weg. Als ich Tim gegenüber einmal in einem Nebensatz erwähnte, dass ich mir vielleicht irgendwelche billigen Arbeitskräfte in den Laden holen müsste, die die Dinge erledigen sollten, die ich selbst nicht hinbekam, reagierte Tim für mich überraschend. Er bot mir an, sich zwei Wochen frei zu nehmen, um mir zu helfen. Meine Erleichterung und Dankbarkeit darüber, dass er mir helfen würde, waren unbeschreiblich.

Als nun also feststand, dass Tim mir mit seinem Können nicht nur als Maurer, sondern auch noch als Elektriker und Bodenleger helfen würde, traute ich mich sogar noch, einen Schritt weiter zu gehen. Ich bat meine neuen Berliner Freunde um Hilfe. Neben Bettina, einer neuen Freundin, die ich über eine

Freundin aus Göttingen kennengelernt hatte, und einigen ihrer Freundinnen war auch Monika, die ich noch vom Volontariat her kannte, am Start. Fast eine Woche standen sie mir zur Seite. Ich war unglaublich gerührt über so viel Hilfsbereitschaft.

Tim, der Fuchs, hatte in der Zeit sogar noch herausgefunden, dass es in einem Baumarkt an einem bestimmten Tag fast 40 Prozent Rabatt auf alles Mögliche gab. Da sagte auch ich nicht Nein. Schließlich war mein Budget mehr als knapp bemessen. Stolz wie Oskar, mehrere hundert Euro bei unserem Großeinkauf für mich gespart zu haben, schob Tim mich wie eine Prinzessin im Einkaufswagen zwischen Brettern und Zementsäcken sitzend durch den Baumarkt. Wir waren überglücklich und verknallt wie Teenager.

Die Zeit verging nun wie im Flug. Es waren jetzt nur noch wenige Tage bis zur Eröffnung. In den Wochen zuvor hatte ich glücklicherweise schon einen Namen für den Laden gefunden. Hätte ich das in der Renovierungsphase getan, wäre sicherlich vor lauter Baumaterialien im Kopf nur Unsinn dabei herausgekommen.

Tim und ich veranstalteten eines Abends in seiner WG hierzu ein Brainstorming. Aus dem Wust an Ideen stach für mich am Ende eine ganz besonders hervor. Als Kind eines Tischlers war Holz immer schon mein liebstes Einrichtungselement. Ich war mit dem Geruch von Sägespänen groß geworden. Ein echtes Zuhause bestand für mich aus sehr viel selbst verbautem Holz. Sei es der ausgebaute Dachstuhl mit Holzverkleidungen, der als mein späteres Jugendzimmer diente. Oder die Barbiepuppenmöbel meiner Kindheit. Mein Vater hatte unser Haus damals über Jahre komplett selbst renoviert. Aus einem kleinen Arbeiterreihenhäuschen aus dem 19. Jahrhundert wurde ein schönes, individuelles Zuhause. Ich selbst hatte in den letzten Jahren eine Vorliebe für Teakmöbel und dunkle Holzeinrichtungen aus Palisanderholz entwickelt. Es war also klar, irgendwo sollte man meine Vorliebe dafür sehen. Ob in der Einrichtung oder im Namen. Ich entschied mich für beides.

Zudem stand für mich fest, dass ich den Laden auf gar keinen Fall »Café Müller« nennen wollte, sondern ich selbst als Person oder Kunstfigur in Erscheinung treten sollte. Und weil man im Rheinland zur Kellnerin immer noch ganz selbstverständlich »Frollein« sagte, war es das dann. Die Einzelteile ergaben auf einmal ein Ganzes, und das »Frollein Palisander« war geboren. Dieser Name hatte für mich einen schönen Klang und erzeugte sofort ein Bild in mir. Dass meine zukünftigen Gäste mich dann auch so beim Namen nennen würden, hatte ich damals nicht erwartet. Es zeugte aber davon, dass die Namenswahl genau richtig war, da das Wort Palisander wiederum nicht so geläufig war, dass man davon ausgehen konnte, dass dies mein wirklicher Nachname war. Ich hielt meine Möbel und Anstriche passend dazu auch in dunklem Holz. Für echtes Palisanderholz reichte mein Budget leider nicht.

Beim Thema Holz kam mein Vater dann auch zum Einsatz. Er baute mir nämlich eine Sitzbank aus Holz für den Laden. Ich hatte ihm erzählt, dass ich es ein wenig rustikal wie in einer Bierstube haben wollte. Er arbeitete wochenlang in der heimischen Werkstatt daran und kam dann mit der Bank im Gepäck die lange Strecke aus dem Rheinland angereist. Mit dabei hatte er noch diverse Kisten voll mit Bierkrügen, Bildern und allem, was ich dekorationsmäßig für den Laden gut gebrauchen konnte. Ich war zutiefst gerührt. So waren meine

Eltern. Auch wenn wir oft nicht derselben Meinung waren, unterstützten sie mich trotzdem immer so gut es ihnen möglich war.

Zusätzlich ließ ich von einem befreundeten Grafikdesigner passend zum Namen eine Frau erschaffen, die mir ähnelte. *Wer braucht schon eine blöde Kaffeetasse im Logo? Das hat doch jeder schnöde Backshop, der dann auch noch »Café Süß« heißt. Nicht mit mir.* Ich wollte etwas Besonderes. Passend zur stylish-rustikalen Inneneinrichtung erhielt das Frollein ein Hirschgeweih mit einer Katze daneben, weil Kater Jimmy auch vorkommen musste. Für das Logo würde mir der Art Directors Club bestimmt keinen Preis verleihen. Aber dafür, dass es mein erster eigener Laden war, fand ich alle Ideen erst mal gar nicht so schlecht. Ich hatte mir bei allem etwas gedacht. So wie auch kein Detail im Laden später einfach so dastand. Man konnte aus meiner Sicht bereits am Namen und Logo erkennen, dass der Laden einer Frau gehörte, die vorhatte, alles andere als 08/15 zu sein.

Eine gute Woche vor der Eröffnung war ich so mit der Renovierung beschäftigt, dass die aktive Suche nach Mitarbeitern etwas in den Hintergrund gerückt war. Es gab wirklich eine Menge täglich zu tun und Tim und ich konnten beide schon jetzt eine 60-Stunden-Arbeitswoche verbuchen. Von wegen nur Malern. Tim verspachtelte eine Backsteinwand von oben bis unten. Dann entfernte er die abgehangene Decke mit den Halogenlampen über dem Tresen und verlegte die Leitungen neu. Und im Thekenbereich ersetzte er das komplette Rückbuffet. Unglaublich, was er alles in so kurzer Zeit alleine hinbekam. Parallel dazu strich ich mit den Mädels die verschiedenen Wände und sprühte die Backsteine Gold an. Meine Grundfarben waren Olivgrün, Dunkelbraun und Gold. Wenn schon kein Geld, dann wenigstens Gold im Laden als gutes Omen.

Jetzt war es aber höchste Zeit, eine Anzeige zu schalten, um noch schnell fähiges Personal zu akquirieren. Natürlich wusste ich, dass ich als Selbstständige auch selbst viel im Laden arbeiten würde. Da meine geplanten Öffnungszeiten aber täglich von morgens bis Mitternacht waren, konnte ich das nicht alleine bewältigen. Aus meinen früheren Jobs hatte ich verschiedene Schichtsysteme im Kopf und errechnete eine entsprechende Anzahl an Mitarbeitern. Ich kam auf zehn.

Drei Tage vor der Eröffnung veranstaltete ich ein Casting im Laden, der eher einer Baustelle glich als einer Kneipe. Ich sah die irritierten Blicke der Leute. »Wie bitte? Hier sollen wir in drei Tagen arbeiten? Wie wollt ihr das denn schaffen?«, hörte ich sie fragen. Ich ließ mich nicht verunsichern. Ich wusste, dass wir das schaffen würden. Zur Not mussten eben Nachtschichten gemacht werden. So kurz vor dem Ziel stellte ich meinen Zeitplan nicht mehr infrage.
Ich stellte mich vor die versammelte Mannschaft und hielt eine mitreißende Rede. Ich erzählte davon, was ich vorhatte, warum ich dachte, dass das gut laufen würde, und was ich von meinen Mitarbeitern erwartete. Und dass ich sieben Euro die Stunde zahlen würde. Was für damalige Verhältnisse so etwas wie der ungeschriebene Mindestlohn war. Für die Gastronomie eine Seltenheit. Da zahlte man damals meist eher vier

bis sechs Euro. Für mich stand aber fest, dass ich meine Mitarbeiter anständig bezahlen wollte. Damit sie ein gutes Gefühl hatten und dementsprechend gerne arbeiteten. Zwei Euro mehr oder weniger machten den Braten auch nicht fett. Das ewige Gejammere von Gastronomen über zu hohe Lohnkosten konnte ich schon nicht mehr hören. Aus meiner Sicht sagt das sehr viel über einen Menschen aus, ob er seine Mitarbeiter gut bezahlt oder nicht. Und ich wollte eine gute Chefin sein.

Ich führte meine Rede zum Ende und hatte meine Favoriten durch die darauffolgende Vorstellungsrunde schnell selektiert. Nun gut, auf zehn Mitarbeiter würde ich dabei nicht kommen, aber immerhin auf fünf. Das würde für den Anfang erst mal ausreichen. Interessanterweise boten sich zwei der neuen Mitarbeiter gleich noch als Renovierungshilfe für die letzten Tage an. Tim, der während des Castings im Hintergrund weiterrenovierte, klopfte mir danach stolz auf die Schulter. Er hatte gar nicht gedacht, dass solche Führungsqualitäten in mir steckten, und war wahnsinnig beeindruckt. Er glaube jetzt noch mehr an mich und den Erfolg des Ladens. Dieses Lob war für mich wie ein Ritterschlag und beflügelte mich für den Endspurt.

Die Eröffnung war für den 2. Mai geplant. Der 1. Mai wäre mir lieber gewesen. Ein Tag mehr Umsatz. Aber da der Boxhagener Platz ähnlich wie das Kottbusser Tor in Kreuzberg als Areal für Demonstranten am 1. Mai hermetisch abgeriegelt war, stand das nicht zur Debatte.

Zwei Tage vor der Eröffnung sah es immer noch nicht danach aus, dass hier alsbald ein neuer Laden eröffnen würde. Tim und meine anderen Helfer ackerten so gut sie konnten, während ich delegierte und zwischendurch immer wieder los musste, um fehlende Materialien zu besorgen. Und um nebenbei den ersten Wareneinkauf im Großhandel zu machen. Und das vor einem langen Wochenende. Ich brauchte fast einen halben Tag dafür, obwohl der Markt nur drei Kilometer vom Laden entfernt war. Meine Stimmung war entsprechend angespannt. Ich hatte noch so viel zu tun. Ich musste Werbeplakate kleben gehen, den zukünftigen Mitarbeitern die Bar und Getränke erklären und und und. Meine To-do-Liste wurde nicht kürzer, sondern länger und länger. Ich schlief in der Nacht so gut wie gar nicht.

Tim ließ auch verlauten, dass es auch bei ihm sehr knapp werden könne und er die Nacht zur Eröffnung durcharbeiten müsse. Um den Laden herum wurden derweil harte Geschütze aufgefahren. Der Boxhagener Platz wurde abgesperrt. Bei Passanten wurden Taschenkontrollen durchgeführt. Hundertschaften an Polizei und deren Transporter blockierten alle Nebenstraßen. Zum Glück hatten wir schon alle Sachen in den Laden gebracht, an den wir nun gar nicht mehr heranfahren durften.

Tim hockte immer noch seit Stunden auf dem Boden im Thekenbereich, den er noch einmal überlackieren musste. Ich hatte mich gegen Laminat gewehrt, da direkt im angrenzenden Gastraum wunderschöne Holzdielen verlegt waren. Das ging in meinem ästhetischen Grundverständnis nicht zusammen und hätte mich auch Geld gekostet, das ich nicht hatte. So musste der Arme stundenlang auf dem Boden rumkriechen und rissige Stellen flicken, um sie zu überstreichen. Ich fühlte mich schuldig. Hatte ich ihm doch zu viel zugemutet, als ich seine Hilfe annahm? Hasste er mich jetzt? Was konnte ich nur tun, damit er die Nacht durchstand? Was sollte ich tun, wenn er schlapp machte?

Irgendwie ging es dann doch. Als ich am nächsten Morgen aufwachte, legte Tim sich gerade neben mich ins Bett mit der Info, dass er alles geschafft habe, dass es aber leider noch ein wenig nach Farbe rieche. Er wollte sich jetzt einfach nur ausschlafen und würde dann abends zur Eröffnung kommen. Ich rief ihm jubelnd zu: »Scheiß auf den Geruch, Tim, Mensch, du hast es geschafft! Wir haben es geschafft! Was bin ich froh, dass dieser Renovierungsmarathon vorbei ist! Es kann endlich losgehen! Frollein Palisander, here we go!«

Krieg und Unfrieden

Der Countdown lief. Jetzt waren es nur noch wenige Stunden bis zur Eröffnung. Ich war extrem aufgeregt und gleichzeitig körperlich total am Ende. Die letzten Wochen hatten mich doch mehr mitgenommen, als ich bisher gespürt hatte. Doch jetzt war keine Zeit, sich hängen zu lassen. Für den Kater danach hatte ich den Sonntag eingeplant. Das war dann zwar noch ein weiterer umsatzfreier Tag nach dem 1. Mai. Aber ich plante diesen Ruhetag ein, da ich nach der Generalprobe bestimmt noch ein paar Änderungen im Laden würde vornehmen müssen. Da alles so extrem schnell zu gehen hatte, hatte ich nicht die Möglichkeit, vorab alle Abläufe durchzuprobieren. Die Kaffeemaschine war noch nicht angeschlossen. Die erste Getränkelieferung musste sinnvoll eingeräumt werden. Es gab noch keinerlei Tischnummerierungen, da auch noch nicht alle Tische standen. Eine Außenbestuhlung existierte noch überhaupt nicht. Es war alles noch sehr provisorisch, was mich schnell an meine Grenzen brachte. Mir fiel es schwer, mir vorzustellen, dass die Freunde und Gäste heute Abend auch in einem nicht perfekten Laden einen tollen Abend verleben konnten. Ich wollte doch nicht als blutiger Anfänger dastehen. Ich hatte doch Ahnung von der Gastronomie. Wie peinlich wäre es wohl, wenn im Nachhinein alle sagten: »Schöner Laden, aber von Tuten und Blasen keine Ahnung, das Frollein Palisander!« Diese Gedanken ploppten auf, während ich mich auf den Weg ins Café machte. Ich kannte solche Sätze nur allzu gut. Schon als Kind hatte ich einen inneren Kritiker in mir erschaffen, der erbarmungsloser war als jeder Diktator. Gegen ihn anzukommen schien mir unmöglich. Da war der Kampf von David gegen Goliath im Vergleich dazu ein Ausflug ins Disneyland.

Doch heute würde ich mir davon nicht den Tag verderben lassen!

Als ich die Ladentür öffnete, fiel ich fast in Ohnmacht. Tim hatte nicht untertrieben. Es roch nicht nur ein wenig nach Farbe. Es stank bestialisch. Verdammter Mist, wie sollten hier heute Abend Gäste Getränke und Snacks zu sich nehmen, wenn sie sich nach fünf Minuten aufgrund einer Lösungsmittelvergiftung übergeben mussten? Ich bekam Panik. Ich hatte nicht nur viele Leute eingeladen. Freunde waren sogar extra von außerhalb angereist.

Die einzige Lösung war also, die Fenster aufzureißen und zu beten. Etwas anderes konnte ich nicht tun. Heute nicht zu öffnen, war keine Option. Als ich quer durch den Raum zum Fenster eilte, merkte ich, dass der Lack noch nicht ganz getrocknet war. Nicht gut. Gar nicht gut. *Es stinkt also nicht nur wie Hölle, sondern man bleibt auch noch auf der Stelle kleben. Verdammt!* Warum hatte ich nur so wenig Zeit für die Renovierung herausgeschlagen!

Es nützte nichts. Ich riss die Fenster auf und arbeitete meine Liste ab, die noch unendlich viele Punkte aufwies, die bis zum Abend erledigt werden mussten. In zwei Stunden würden die ersten Helfer, später noch die Mitarbeiter für die Abendschicht kommen. Auch hier war mir klar, dass ich bei der Eröffnung meines Ladens zwar selbst anwesend und unterstützend tätig sein würde – nicht aber die ganze Zeit selbst hinter dem Tresen stehen konnte. Von Anfang an als Chef denken, lautete meine Devise.

Ich hatte in meinen Jobs schon mit vielen Chefs zu tun gehabt und unbewusst registriert, dass und wie man sich beispielsweise durchsetzen und abgrenzen können muss. Dennoch würde ich erst im laufenden Geschäft merken, was es wirklich bedeutete, für meinen Laden verantwortlich zu sein. Ich traute mir das aber zu. Ich hatte noch nie Angst gehabt, Führung zu übernehmen. Doch obwohl ich grundsätzlich der Ansicht war, dass ich mich als Chefin gut machen und meinen eigenen Laden und meine Mitarbeiter kompetent führen würde, merkte ich an diesem Tag doch, dass ich langsam, aber sicher an meine Grenzen gelangte. Die harte Zeit des Durchackerns der letzten Wochen hatte meinen Nerven deutlich zugesetzt, und als wenig später im Sekundentakt die Fragen der Helfer auf mich einprasselten, erkannte ich, wie fragil mein Nervenkostüm eigentlich war. Ich merkte beispielsweise, dass ich wenig Kraft hatte, mit Birgit, einer meiner Mitarbeiterinnen, herumzudiskutieren und ließ sie dann teilweise für mich entscheiden. Sie war etwas älter als ich und hatte selbst bereits eine Kneipe besessen, die sie vor einigen Jahren aus privaten Gründen aufgegeben hatte. Sie ging mir an diesem Tag ungewollt besonders auf die Nerven, da sie alles besser wusste, obwohl sie mir nur helfen wollte. Mich störten hauptsächlich ihre unerbetenen Ratschläge. Sie ließ mich einfach nichts machen, ohne daneben zu stehen und mich zu kontrollieren. Als Snack sollte es abends zum Beispiel klassische Bouletten geben. Als ich diese so zubereiten wollte, so wie ich es kannte, schritt Birgit ein und wies mich darauf hin, dass das so überhaupt nicht gehe. Ich war durch so etwas wirklich kurz vor dem Ausrasten. Wollte diese Frau mir da gerade tatsächlich beibringen, wie man Bouletten zu braten hatte? Bin ich hier die Angestellte oder sie? Ich biss mir auf die Zunge und ließ sie machen. Wenn es ihr so wichtig war, die Scheißdinger im Ofen zu backen, anstatt sie zu braten, dann bitteschön! Ich muss gestehen, es waren die besten Bouletten, die ich jemals gegessen hatte. Auch heute noch bereite ich sie »à la Birgit« zu und schmunzle über die damals so angespannte Situation.

Inzwischen war es nur noch knapp eine Stunde bis zur Eröffnung. Die Schichtmitarbeiter waren da. Das Wechselgeld gezählt. Und ich stand immer noch in Arbeitsklamotten herum. Ich fuhr schnell nach Hause, um mich umzuziehen und drei Minuten durchzuatmen. Birgit würde den Laden schon für mich wuppen in der Zeit. Ob ich wollte oder nicht.

Ich ging kurz in mich und zog ein erstes Resümee: Ich hatte mich gegen meine bisherige berufliche Anstellungsodyssee und für die Selbstständigkeit entschieden. Ich hatte es geschafft, einen Kredit für mein eigenes Café zu bekommen. Und das, ohne wirkliche Sicherheiten anbieten zu können. Ich hatte, ohne eine Ablöse zahlen zu müssen, einen schönen Laden in einem Szeneviertel in nicht allzu schlechter Lage ergattert. Außerdem standen ein toller Partner und zahlreiche liebe Freunde auf meiner Habenseite, die mir dabei geholfen hatten, den Laden in kürzester Zeit zu renovieren. An diesem Abend würden wir Eröffnung feiern, und jede Menge Freunde und Bekannte hatten zugesagt. *Hey, wenn das mal kein Grund zur Freude ist.* Was sollte auch jetzt noch schiefgehen? Der Laden würde eröffnet, Gäste kämen, ich verdiente Geld, zahlte meine Miete und war glücklich mit Tim und meinen Freunden. Und wenn das Ding mehrere Jahre gut laufen würde, würde ich es gewinnbringend verkaufen und mich dann einem anderen Traum widmen.

So sah meine Version einer glücklichen Zukunft aus. Mit diesen Gedanken gestärkt, machte ich mich rasch auf den Weg in den Laden. Es war schon kurz vor 20 Uhr, und es standen bereits jede Menge Gäste ungeduldig vor der Tür. Warum zur Hölle mussten die so pünktlich sein? Wer geht denn um Punkt acht Uhr zu einer Ladeneröffnung? Ich geriet in Stress. Die Mitarbeiter hatten zwar mit mir schon alles vorbereitet, aber es fehlten noch einige wichtige Details, um die Türen öffnen zu können. Ich rannte gestresst zu den wartenden Gästen und bat sie kurz angebunden, sich noch kurz zu gedulden. Dass wir mit der Eröffnung zu spät dran waren, war mir schrecklich unangenehm. Während draußen alle neugierig und entspannt darauf warteten, wie es drinnen wohl aussah, raste mein Puls. Einerseits wollte ich die Gäste nicht mehr länger draußen stehen lassen, gleichzeitig kam ich nicht umhin, wenigstens noch ein paar letzte Handgriffe zu erledigen.

Als es dann schließlich losging und die ersten 20 von knapp 100 Gästen an diesem Abend eintraten, entspannte auch ich mich langsam. Der Abend war dann wie ein einziger Rausch. Blumen, Glückwünsche, Schnäpse. Und ein voller Laden. Irgendwann gegen zehn kam dann der Held des Abends. Tim. Er hatte ausgeschlafen, und ich fiel ihm um den Hals, als er den Laden betrat. Er erhielt einen frenetischen Applaus, und ich war kaum zu stoppen, ihn vor allen Gästen in den Himmel zu loben. Ohne ihn wäre ich verloren gewesen. Nach dem ganzen Stress und der Anspannung sackte ich mit meinem Kopf auf seinen Schultern zusammen und wünschte mir, er hätte mich nie mehr losgelassen. Tim, stolz wie Oskar, genoss die allseitige Bewunderung und wich nicht von meiner Seite.

Gegen Mitternacht war die Party immer noch in vollem Gange. Das Wetter draußen war herrlich, und wir hatten die Fenster weit offen stehen, damit der Farbgeruch uns nicht ohnmächtig werden ließ. Es war ein wirklich toller Einstieg in meine Selbstständigkeit. Eigentlich war alles perfekt.

Bis auf den Moment, als jemand den Laden betrat, der alles andere als gut gelaunt erschien. Eine meiner Mitarbeiterinnen kam mit großen Augen auf mich zu und sagte, dass das da vorne ein Nachbar aus dem Haus sei, der sich über die Lautstärke beschwerte. Ich war schon etwas angetrunken und sagte nur irritiert: »Ach, der soll sich mal nicht so anstellen. Es ist Wochenende, wir feiern Eröffnung. Ich habe sogar extra Zettel mit einer Einladung an die Nachbarn in die Briefkästen geworfen. Der soll nicht so rumnerven. Ist doch erst Mitternacht.« Während ich das sagte, kam der Nachbar auf mich zu. Er hatte offensichtlich einen Teil davon gehört und erkannt, dass ich hier diejenige war, die das Sagen hatte. Seine Miene verfinsterte sich weiter. Er wurde ungehalten: »Ach, du bist also diejenige, die für den Krach hier verantwortlich ist? Meine Familie und ich wollen schlafen. Wir haben ja wohl ein Recht auf unsere Nachtruhe.« Tim blickte auf und wurde ernst. Auch er erkannte, dass wir es hier mit der Spezies zu tun hatten, die keinen Spaß verstand. Ich versuchte noch, zu argumentieren, dass das hier eine Eröffnung sei, bei der man nun mal etwas ausgelassener sei und ich doch auch alle aus dem Haus eingeladen hätte. Tim mischte sich dann auch noch ein, um beruhigende Worte zu finden. Es schien nichts zu nützen. Wir merkten alle, dass mit ihm nicht zu reden war. Er verließ die Party wutentbrannt mit den Worten: »Wenn du Krieg willst, den kannst du haben!« Ich lachte verunsichert und verdrehte die Augen. Schnell spülte ich seinen Auftritt mit einem Hefeweizen runter. Ich wusste in dem Moment zum Glück noch nicht, dass diese Drohung ernst gemeint war.

Ernüchterung

Nach der gelungenen Eröffnungsfeier war am nächsten Tag wie geplant Katerstimmung angesagt. Wer war eigentlich auf die Idee gekommen, diese teuflischen Hemingway-Shots zu mixen? Das musste wohl ich gewesen sein. Die Shots schmeckten kaum nach Alkohol und knallten dafür umso mehr.

Total übernächtigt, quälte ich mich gegen Mittag aus den Federn. Nach einem kurzen Kaffee-Kippe-Frühstück zog es mich direkt wieder in den Laden. Der Umsatz am Vorabend war in Ordnung gewesen und ließ mich frohen Mutes die weiteren To-dos in Angriff nehmen. Denn davon gab es noch so einige. Birgit hatte mir, da meine geleaste Kaffeemaschine über Starkstrom von einem Elektriker angeschlossen werden musste, kurzerhand ihre alte Siebträgermaschine ausgeliehen, die ihr Freund am Nachmittag schnell in die Steckdose einsteckte und konfigurierte. Die neue Maschine blieb erst einmal originalverpackt im Karton stehen. Ich konnte also einen Haken hinter den wichtigsten Punkt setzen. Wobei es mir schon sehr peinlich war, dass ich eine Kaffeemaschine bestellt hatte, ohne zu wissen, dass diese aufgrund ihrer Bauweise erst mal nur über Starkstrom angeschlossen werden konnte und ich über keinen solchen Anschluss verfügte. Hätte ich damals einen Elektriker in meinem Bekanntenkreis gehabt, wäre die Sache sicherlich binnen kürzester Zeit geregelt gewesen. Denn wie ich heute weiß, kann man ein wenig an der Maschine basteln, um sie auch über eine ganz normale Steckdose anzuschließen, ohne dafür extra einen neuen Starkstromanschluss anbringen zu müssen. Das wusste ich damals aber einfach nicht. Ich merkte schnell, dass man sich zwar auf einen Laden vorbereiten, aber nicht alles im Voraus einkalkulieren konnte. Ich wusste vieles über die Gastronomie. Aber es gab eben auch Bereiche, in denen ich mich nicht so gut auskannte wie mit Technik beispielsweise. Ich machte mir diesbezüglich aber keine Vorwürfe. Das gehörte für mich auch damals schon mit zu den Dingen, die man lernt, wenn man sich selbstständig macht und für alles die Verantwortung trägt, worüber man sich zuvor nie im Leben Gedanken gemacht hatte. Nachdem die Kaffeemaschine als Leihgabe von Birgit zur Überbrückung nun angeschlossen war, gab es noch jede Menge ein- und umzuräumen. Am Eröffnungsabend hatte ich sehr gut feststellen

können, was wo am besten zu stehen hatte, damit die Arbeits-
abläufe im Laden reibungslos funktionieren. Nach mehreren
Stunden im Laden ging ich zufrieden zurück nach Hause, legte
mich zu Tim auf die Couch, und wir genossen einen herrlich
gammeligen Katerabend vor dem Fernseher.

Am nächsten Tag war alles bereit für den großen Gästean-
sturm. Ich hatte geplant, dass Birgit arbeiten würde. Ich
wollte unterstützend eingreifen, falls es zu voll würde. Nach
der großartigen Resonanz am Eröffnungsabend, bei dem die
Hälfte der Gäste »richtige« Gäste, also weder Freunde noch
Bekannte gewesen waren, war ich überzeugt davon, dass es
jetzt richtig losgehen würde. In den Wochen der Renovierung
war ja auch bereits die Neugierde von Passanten zu spüren gewesen. Ich war mir also ziemlich sicher, dass die Tatsache der
Neueröffnung, gepaart mit meinem Konzept, ausreichte, um
in einen erfolgreichen ersten Monat zu starten. Als nach drei
Stunden allerdings noch immer niemand im Laden war, ließ
ich Birgit alleine weiterarbeiten und fuhr los, um wichtige Be-
sorgungen zu machen. Als ich mehrere Stunden später wieder-
kam, war immer noch niemand im Laden gewesen. Erst gegen
Abend entspannte sich die Lage und ein Pärchen setzte sich
auf zwei Bier auf die Terrasse. Ich war geschockt. Wie konnte
das sein? Was stimmte mit dem Laden nicht? Wieso wollte
keiner kommen? Stank es etwa immer noch nach Farbe?

Ich ließ mich von Birgit beruhigen. »Das ist normal, wenn
man einen Laden neu eröffnet. Es braucht Zeit, bis die neugierigen Passanten auch reinkommen. Mach dir keine Sorgen.«
Nun war ich extrem dankbar, dass ich sie mit ihrem Erfahrungsschatz an meiner Seite hatte. Schnell waren die nervigen

Momente mit ihr am Eröffnungsabend vergessen. Ich merkte, dass ich überhaupt nicht darauf vorbereitet gewesen war, dass es möglicherweise nicht gleich super laufen könnte nach der Eröffnung. Die Läden, in denen ich in den letzten Jahren gearbeitet hatte, waren bereits gut laufende, über mehrere Jahre eingeführte Läden gewesen. Mir fiel auf, dass ich bis dato noch nie mit Gastronomen selbst über deren Erfahrungen in der Eröffnungsphase gesprochen hatte. Das lag vermutlich daran, dass ich zu den Zeiten, als ich in den Läden gearbeitet hatte, auch noch nicht den konkreten Plan gehabt hatte, selbst einen Laden aufzuziehen. Sie jetzt nachträglich noch dazu zu kontaktieren, hätte ich auch als etwas seltsam empfunden. Mir half es schon sehr, dass Birgit mir mit ihrem Erfahrungsschatz an dieser Stelle behilflich sein konnte. Da musste ich nicht noch andere Leute belästigen. Ich bat eben nicht allzu gerne um Hilfe oder Rat.

Ich brachte die erste Woche hinter mich und spürte, wie meine Laune sich immer mehr verschlechterte. Eine Handvoll Gäste war gekommen und hatte mir zusammengenommen insgesamt um die hundert Euro Umsatz eingebracht. Ein miserables Ergebnis. Ich rückte sofort von meinem gut ausgeklügelten Mitarbeiterplan ab. Ich merkte ja, dass ich niemanden brauchte und erst recht nicht bezahlen konnte, wenn keine Gäste kamen. Ich beichtete Birgit und zwei anderen, dass ich sie jeweils maximal einmal in der Woche bräuchte. Wenn überhaupt. Den Restlichen sagte ich den Job komplett ab. Ich hatte zwar auch etwas Angst, dass ich vorschnell handelte. Aber aus der Frau, die zwei Wochen zuvor noch selbstbewusst ein Mitarbeitercasting geführt hatte, war eine zutiefst demütige Inhaberin geworden, die das Gefühl hatte, das Ganze total überschätzt zu haben. Ich erntete zum Glück Verständnis. Birgit allerdings wollte sich nach etwas Neuem umschauen, da sie sich komplett selbst über die Gastronomie finanzierte.

Nun hieß es, ganz neu zu denken. Meine bisherige Herangehensweise war offenbar total überambitioniert gewesen. Ich schämte mich sehr, hatte aber keine Wahl, als das zu akzeptieren und einfach weiterzumachen. Der erste Realitätscheck lag hinter mir, und ich bekam Muffensausen. Ich realisierte, dass ich irgendetwas tun musste, sonst konnte ich am Monatsende die Miete nicht bezahlen. Ich begann sofort mit der Problemanalyse. Wieso lief mein Laden nicht, die beiden Eckläden nebenan und gegenüber aber schon? Und das, obwohl wir alle drei fast zeitgleich eröffnet hatten? Während bei mir tagsüber gähnende Leere herrschte, saßen dort die Leute in der Sonne. Aha! War es allein das? Ich hatte die Arschkarte gezogen, weil bei mir nur am frühen Vormittag die Sonne schien und nicht den ganzen Tag? Aber es gab doch in meiner Straße auch andere Läden, in denen nicht die Sonne schien und in denen etwas los war. Das konnte also nicht das ganze Geheimnis sein. An der Sonne konnte ich nichts ändern. Ich wusste, ich hatte nicht unbegrenzt Sonnenstunden auf meiner Terrasse. Aufgrund meiner Ausrichtung nach Osten und den eng gegenüberliegenden hohen Häusern schien sie eben nur früh morgens auf meine Gäste. Im Sommer natürlich auch etwas länger als im Frühjahr oder Herbst. Die Eckläden hingegen waren gegen alle Himmelsrichtungen außer Norden ausgerichtet und profitierten somit von ständiger Sonneneinstrahlung. Nach einigen Wochen des Beobachtens änderte ich meine Öffnungszeiten entsprechend und öffnete unter der Woche erst zum frühen Abend hin. Vermutlich hätte sie bei mir besser gegen 13 Uhr scheinen sollen anstatt um 9 Uhr früh. Durch diese Änderung verlief mein Geschäftsschwerpunkt jedoch noch mehr in die Richtung, die ich nicht wollte, nämlich hin zum Abendgeschäft. Nachdem ich am Anfang aufgrund der vorhandenen Konzession schon von meinem Plan des ausschließlichen Tagescafégeschäfts abgewichen war hin zu einem Mix aus tagsüber Café und abends Kneipe, hatte ich jetzt in kürzester Zeit erkannt, dass ich tagsüber unter der Woche so früh auch mit Sonne niemanden zu mir locken konnte. Am Wochenende sah das aber zum Glück anders aus. Da gingen die Leute gerne schon um neun oder zehn Uhr morgens auf den Wochenmarkt und wollten danach mit vollen Einkaufstaschen in Ruhe frühstücken gehen. Auch am sonntäglichen Flohmarkt war dieses Verhalten ähnlich, wenngleich auch um ein Stündchen nach hinten verschoben. Man schlief aus, ging frühstücken und danach mit Freunden in Ruhe auf den Markt. Von diesem abweichenden Wochenendverhalten meiner Gäste konnte ich dann immerhin zwei Tage in der Woche profitieren. Doch auch andere Dinge galt es, zu überdenken.

Vor der Eröffnung hatte ich mit einem befreundeten Koch noch an einem Konzept für meine Küche gearbeitet. Als ich aber in der ersten Woche bereits feststellte, dass keine Gäste kamen und ich mir weder großartig Personal geschweige denn einen Koch leisten konnte, fand ich einen anderen Weg, der aus meiner Sicht effektiver und kostengünstiger war. Ich passte mich den anderen Läden an und bereitete am Wochenende ein schönes Frühstücksbuffet vor. Das bekam ich auch parallel zum Betrieb ohne eigenen Koch hin. Im Gegensatz dazu, wenn man als Koch Gerichte zu braten hat, konnte ich bei einem Buffet alles vorbereiten und nach Bedarf nachlegen, selbst wenn ich Gäste zu bedienen hatte. Allerdings wollte ich mich nicht dem Einheitsbrei an Brunchbuffets der Nachbarn anpassen und schuf stattdessen mit der Bergischen Kaffeetafel mein eigenes Frühstücksangebot.

Ich stieß bei meinen Recherchen zu typischen Frühstücksgewohnheiten meiner alten Heimat auf diese Kaffeetafel, die aus dem Bergischen Land nahe Köln stammt. Als Kind war ich dort häufiger an Wochenendausflügen mit meiner Familie und fand diesen Bezug zu meinen Wurzeln, ähnlich wie bei der Namenswahl, recht passend. Wie ich erfuhr, gab es früher im Bergischen Land traditionell jedoch nur Schwarzbrot und Quark, Milchreis und Käse auf der Kaffeetafel. Dies erweiterte ich um zeitgemäße Beläge und Brötchen und führte on top noch heiße Waffeln dazu ein. Diese mit Kirschen und Sahne ließen nicht nur mein eigenes Kinderherz wieder höherschlagen. Sie waren auch der Renner bei meinen Gästen, da man sie sich auch selbst zubereiten durfte. Was war ich froh, als ich nach einigen Wochen merkte, dass das Frühstück gut bei den Gästen ankam und ich Lob dafür erntete, dass ich mal etwas Neues biete. Was für die Berliner neu war, war jedoch in meiner Heimat schon fast in Vergessenheit geraten. So bewahrte ich letztlich auch fast schon ein kleines Stück Heimatkultur, und war froh darüber, dass ich mich damit ein wenig von der Konkurrenz abheben konnte.

Ein weiteres Steckenpferd meines Ladens entwickelte sich eher zufällig. Da für mich der Cafégedanke ausschlaggebend für meinen Laden gewesen war, stand für mich auch fest, dass es selbst gebackenen Kuchen geben würde. Im Zuge der Vorbereitungen auf den Laden hatte ich über die amerikanische Buchautorin Methoden entdeckt, um längst vergessene Dinge in meiner Erinnerung wieder auszugraben, die mir mal Spaß gemacht hatten. Neben auf Bäume klettern oder ein Musikinstrument zu spielen fiel mir das Backen wieder ein. Ich hatte als Kind an jedem Wochenende gerne mit meiner Mutter gebacken. Einfache Kuchen wie Marmor- und Streuselkuchen oder Donauwelle. Für mich selbst hatte ich in den letzten Jahren aber kaum gebacken, weshalb es für mich vermutlich auch so in Vergessenheit geraten war. Ich hielt mich nicht für eine begnadete Bäckerin, traute es mir aber eher zu, als zu kochen, und mochte es einfach gerne, Teige anzurühren. Passenderweise hatte ich mir eine schöne Kuchenkühlvitrine zugelegt, die in gutem Blickwinkel für die Gäste direkt auf dem Tresen stand. Diese musste also nur noch hübsch befüllt werden. Ich hatte mir zuvor ein paar Klassikerrezepte für Käse- und Streuselkuchen herausgesucht und war erstaunt, wie gut meine Kuchen bei den Gästen ankamen. Offenbar zog auch besonders die Tatsache, dass ich selbst gebacken hatte und man das schmeckte. Kein Wunder, schließlich gab es um mich herum ja fast nur Backshops, die aufgebackene Tiefkühlware in der Vitrine liegen hatten. Wenigstens in diesem Punkt hatte ich also etwas richtig gemacht. Genug Zeit zum Backen hatte ich ja auch, so leer, wie es den ganzen Tag im Laden war.

Innerhalb kürzester Zeit reagierte ich also auf die Gegebenheiten des Ladens und auf Kundenwünsche. Schnelles und flexibles Reagieren war nämlich schon immer etwas, das ich gut konnte. Fuhr ich gefühlt gegen eine Wand, gab ich nicht noch stundenlang Gas oder blieb einfach stehen, sondern schaltete den Rückwärtsgang ein und fuhr in eine andere Richtung oder stieg aus dem Auto aus und versuchte, über die Mauer zu klettern. Rückblickend betrachtet, frage ich mich jedoch manchmal, ob ich nicht zu schnell reagiert habe an einigen Stellen. Vielleicht hätte ich das Tagesgeschäft unter der Woche beispielsweise länger ausprobieren müssen, um wirklich abschätzen zu können, dass es nichts bringt. Das lässt sich nach so einer langen Zeit natürlich nur schwer beurteilen. Aber nach meinem heutigen Erfahrungsstand hätte ich vielleicht auch erst nach zwei Monaten wirklich gut abschätzen können, wie ich auf vieles überhaupt hätte reagieren sollen. Es ist mit Abstand betrachtet immer einfacher, mögliche Fehlerquellen zu identifizieren. So mittendrin im Geschehen fiel es mir damals jedoch sehr schwer, die Dinge aus diesem Abstand heraus zu betrachten.

Was ich zu dieser Zeit nämlich hauptsächlich spürte, war, dass von der anfänglichen Euphorie schon nach einigen Wochen so gut wie nichts mehr übrig war. Stattdessen fühlte ich mich ziemlich ernüchtert und hoffte auf ein kleines Wunder. Oder eine Eingebung in Form einer guten Fee, die vom Himmel zu mir herabsteigt und mir die Zauberformel für meinen Laden ins Ohr flüstert.

Kurze Zeit später geschah es. Es war zwar keine Fee, sondern eher ein guter Geist, der mir vielschichtiger helfen würde, als mir zunächst bewusst war.

Ich war gerade dabei, den Laden zu öffnen, als ein kleiner, ein wenig gestresst wirkender Typ hereinkam. Sehr geschäftsmännisch teilte er mir mit, dass er mitbekommen habe, dass ich ja gerade erst eröffnet habe. Ich nickte. Er war nicht der Erste, der mit dieser Erkenntnis in der letzten Zeit zur Tür hereinkam. Es gab sogar einige, die meinten »Ach, schon wieder ein neuer Betreiber hier? Die Wievielte in den letzten Jahren bist du jetzt? Meinst du, du schaffst das jetzt hier endlich? Dann wünsch ich dir viel Glück!«. Eine besonders anstrengende Ausprägung des Berliner Charmes – dieser Mix aus Neugierde und Schnodderschnauze. Ich war also leicht genervt, weil ich mich fragte, ob er einer von denen war. Nein, war er zum Glück nicht. Er habe demnächst Geburtstag und möchte diesen mit Freunden feiern. Und da ich ja einen großen Laden hätte, würde er gerne bei mir feiern wollen und hierfür einen Teil des Ladens anmieten. Wie denn genau meine Konditionen aussähen?

Hui, was war denn das? Interessant! Darüber hatte ich tatsächlich noch gar nicht nachgedacht. Ich war mir zwar dessen bewusst, dass ich bestimmt auch mal einen Geburtstag ausrichten würde. Aber zu diesem frühen Zeitpunkt hatte ich mich noch gar nicht mit meinen Modalitäten hierfür auseinandergesetzt. Wollte ich eine Raummiete haben oder es über eine Getränkepauschale mit einem bestimmten Mindestumsatz abrechnen? Welchen Umsatz wollte ich bei welcher Personenzahl ansetzen? Würde ich den Laden komplett vermieten oder nur einen Teilbereich und im restlichen Laden normalen Betrieb abhalten können? Die Fragezeichen über meinem Kopf waren nicht zu übersehen. Der Typ, der sich dann als Peter bei mir vorstellte, reagierte sehr freundlich und gab mir einen Zettel mit seinen Kontaktdaten und dem, was er sich vorstellte. Ich sagte ihm zu, dass ich mich um alles kümmern würde und wir die Details nochmal in Ruhe besprechen.

Als zwei Wochen später der Abend gekommen war, hatte ich zum Glück noch Personal zur Verfügung, das ich einspannen konnte. Peter war im Musikbusiness tätig, was man auch an vielen seiner rund 60 Gäste erkennen konnte, unter denen auch bekannte deutsche Musiker waren. *Oh wow, wen der nicht so alles kennt*, ging mir bei fast jedem zweiten Gast durch den Kopf. Da verwunderte mich auch seine professionelle Art nicht mehr, mit der er in meinen Laden gekommen war. *Der tourt mit allen möglichen Promis durch die Welt und hat sicherlich schon ganz andere Sachen organisiert als seine kleine Geburtstagsparty hier bei mir.*

Der Abend war ein voller Erfolg. Eine Sängerin lobte meine, also Birgits, Bouletten in den höchsten Tönen, und der Alkohol floss in Strömen. Was war ich froh, dass ich durch diesen Zufall nicht nur Promis im Laden hatte, die hoffentlich über meinen Laden sprechen würden, sondern auch noch eine Erweiterung meines Konzepts entdeckt hatte. Nämlich das Ausrichten von Privatveranstaltungen.

Nach diesem Erfolg war ich das erste Mal für kurze Zeit zufrieden. Ich hatte erlebt, dass durch Zufälle auch Gutes passieren konnte. Ich brauchte wohl nur etwas mehr Vertrauen.

Der erste Monat neigte sich dem Ende zu, und es war an der Zeit für den ersten Kassensturz. Ich wusste um meine Fixkosten. Der Laden war mit 110 Quadratmetern nicht klein. Mit einer Warmmiete von knapp 1500 Euro hatte ich jedoch für Berlin eine relativ erschwingliche Miete. Ich hatte zuvor schon ausgerechnet, dass ich knapp 65 Euro Umsatz pro Tag als Minimum an 30 Tagen erreichen musste, um meine monatlichen Fixkostenabdecken zu können. Darin waren aber zum

Beispiel noch keine Mitarbeiterkosten, geschweige denn ein Gehalt für mich enthalten. Um einigermaßen über die Runden kommen zu können, waren 65 Euro also das absolute Minimum, das ich an Umsatz täglich einfahren musste.

Diese Zahlen waren mir bei der Businessplanerstellung damals mehr als realistisch erschienen. Ich hatte in Läden gearbeitet, an denen pro Tag zwischen 300 und 600 Euro als Minimum erreicht wurden. Und das waren Umsätze, die man auch alleine ohne zusätzlichen Koch oder weitere Mitarbeiter bewältigen konnte. Ich ging nach den Erfahrungen der ersten Wochen mit diesem absoluten Minimum an meine Endabrechnung. Und war ernüchtert. Jetzt hatte ich es noch einmal schwarz auf weiß vor Augen, was ich bereits täglich in der Kasse festgestellt hatte. Nämlich beispielsweise, dass ich nicht nur einen, sondern gleich mehrere Tage mit null Euro Umsatz verbuchen musste. Zudem gab es sehr viele Tage, an denen der Umsatz knapp unter der magischen Grenze lag. Nur an ein paar wenigen Tagen konnte ich durch das Frühstücksbuffet Summen zwischen 100 und 200 Euro als Tageseinnahme verbuchen. Und einzig und allein durch die Party von Peter konnte ich mich über den ersten Monat retten und die Miete für Juni voll und pünktlich bezahlen. Das war kein gutes Zeichen. Der Druck in mir stieg noch weiter an, wenn das überhaupt möglich war. Wenn es so schlecht weiterlief mit den Gästen, brauchte ich mindestens ein bis zwei Partys dieser Art im Monat. Aber wie sollte ich da rankommen?

Dunkle Gewitterwolken zogen über meinem Kopf auf. Ich musste den Gürtel enger schnallen. Leider hatte ich erst wenige Wochen zuvor entschieden, aus meiner verhältnismäßig preiswerten Wohnung aus Neukölln zurück nach Friedrichshain zu ziehen, um näher am Laden zu wohnen. Ich merkte bereits in der Renovierungsphase, wie anstrengend es war, täglich so viel Zeit in die An- und Abreise zum Laden stecken zu müssen. Kater Jimmy sah mich zu Hause fast nur noch zum Schlafen. Und auch ich sah es als verschwendete Lebenszeit an, so viel Zeit damit zu verbringen, durch Berlin zu gurken. Berlin ist nunmal jroß, wa! Zudem wusste ich, dass, sobald der Laden eröffnet war, ich noch mehr Zeit im Laden verbringen würde und auch eventuell mal schnell nachts vor Ort sein musste, falls ein Mitarbeiter einen Schlüssel vergessen hatte. Ich hatte mich also bewusst dazu entschieden, näher am Laden zu wohnen, um wertvolle Lebenszeit einsparen zu können. Mir wurde von der Verwalterin damals sogar die Wohnung über dem Laden angeboten, die jedoch über meinem Budget lag und auch erst frühestens in einem halben Jahr frei werden würde. Und ganz so nah dran am Geschehen musste ich auch wiederum nicht leben, da ich dann sicherlich nicht gut abschalten konnte nach Feierabend oder wenn ich mal freihatte. Aber in fußläufiger Entfernung zum Frollein Palisander fand ich absolut perfekt. Da nahm ich dann auch in Kauf, dass ich evtl. ein paar Euro mehr selbst dazuzahlen musste zur Miete.

Die Miete in der neuen Wohnung wurde jedoch leider nicht vollständig vom Jobcenter bezahlt, da es sich nicht mit dem Umzug einverstanden erklärt hatte. Aus deren Sicht war meine Begründung, aus Zeitersparnis bei einer Selbstständigkeit näher am eigenen Laden wohnen zu wollen, keine nachvollziehbare Erklärung für einen Umzug. Vermutlich hätten sie den Umzug auch dann nicht bewilligt, wenn die Wohnung billiger gewesen wäre als die davor. Umzüge bedeuten auch für die Jobcenter Verwaltungsarbeit. Ich bin bei den Eigenheiten der Bewilligungsmechanismen für Umzüge bis heute nicht durchgestiegen und bin auch sicherlich nicht die Einzige, der es damit so geht. Manches muss man vielleicht auch einfach nicht verstehen. Fakt war nun, ich war ohne Zustimmung umgezogen und musste also neben der Ladenmiete auch noch mehr Geld als geplant für meine private Miete erwirtschaften. Ich spürte, wie sich die Sorgen bereits im ersten Monat wie eine Schlinge um meinen Hals legten, die sich immer fester zuzog. Aber noch war ich guter Dinge. Der Sommer stand vor der Tür und bei totaler Hitze wollten die Leute sicherlich nicht in der prallen Sonne sitzen. Das wäre dann ja wieder ein Pluspunkt für meinen Laden. Hinzu kam die Fußball-EM, und nachdem sich mit der WM in Deutschland das Public Viewing zu etablieren begann, sollte auch dieses Ereignis mit dazu beitragen, dass ich mit dem Frollein Palisander in ein schönes Sommermärchen starten würde. Nach den ersten harten Erfahrungen war ich zwar ernüchtert. Aber mein Kampfgeist war geweckt. Ich wollte nicht schon in der ersten Runde k. o. gehen.

Sommer in Berlin

Mit der Einstellung eines angeschlagenen Boxers machte ich mich also auf in die nächste Runde. Ich wusste nun um einige wunde Punkte meines Ladens und hatte erste Tiefschläge einstecken müssen. Ich stand aber noch tapfer im Ring. Als die Runde zwei eingeläutet wurde, versuchte ich, mich nicht nur auf meine Deckung zu konzentrieren. Sondern mehr noch eine ganz neue Strategie für die nächsten Runden zu entwickeln. Weniger defensiv und dafür umso kämpferischer.

Ich hatte im Laden in den letzten Wochen bereits einige wichtige Ansatzpunkte für eine neue Strategie herausgefiltert, flexibel reagiert und Änderungen vorgenommen. Ich war jedoch mit der Problemanalyse noch lange nicht am Ende. Es kristallisierte sich nämlich immer mehr heraus, dass ich mit meinem Laden »fast am Boxi« eben auch nur »fast« dort war. Womöglich war das auch der Grund, warum ich damals bei der Besichtigung fälschlicherweise in den Nachbarladen gerannt war. Hatte ich zu Anfang noch die Hoffnung gehegt, dass ein benachbarter Eckladen einen positiven Abstrahleffekt auf mich und meinen Laden hatte, so verdichtete sich mit der Zeit immer mehr der Eindruck, dass ich stattdessen wie beim Autofahren im toten Winkel im Seitenspiegel übersehen wurde. Teilweise riefen mich nämlich auch Freunde an, die meinen Laden nicht fanden und nach dem Weg fragten. Das veranlasste mich, diesem Thema mehr auf den Grund zu gehen. Ich fragte mich zwar, ob ich das nicht vorher hätte erkennen können. Aber besser jetzt als nie. Um wirklich verstehen zu können, was es mit dem toten Winkel auf sich hatte, reichte es nämlich nicht aus, sich allein auf die äußerlichen Gegebenheiten der Straße bzw. des Platzes zu konzentrieren, so wie ich es damals getan hatte. Durch eine glückliche Begegnung kam ich schließlich hinter das Geheimnis, das auf den ersten Blick nahezu lächerlich erschien. Eines Tages kam eine Einzelhändlerin, die 500 Meter weiter einen Laden neu eröffnet hatte, bei mir auf einen Kaffee vorbei. Wir kamen schnell ins Gespräch, und sie erzählte mir, dass sie auch erst vor wenigen Wochen eröffnet hatte und ihr Laden recht gut anlief. Im Gegensatz zu mir hatte die Suche nach ihrem Ladengeschäft mehrere Jahre in Anspruch genommen. Als sie mehrere interessante Objekte in unserer Straße gefunden hatte, setzte sie sich an verschiedenen Stellen der Straße mit einem Handzählgerät hin, um die Passanten zu zählen. Und an meinem Ende der Straße hatte sie damals viel weniger Passanten gezählt, weshalb sie auf meinem Stück auch keinen Laden eröffnen wollte. Ich war baff. Und gleichzeitig irritiert. Wer bitteschön setzt sich denn mehrere Wochen auf eine Straße, um die Passanten zu zählen? Hatte sie sonst nichts zu tun? Das war für mich ein äußerst befremdliches Verhalten. War sie dann etwa so eine, die, bevor sie in eine neue Mietwohnung zieht, erst einmal alle Hausbewohner interviewt, um herauszufinden, ob in ihrer Wohnung zuvor jemand gestorben ist, weil ihr das ein Vermieter vermutlich nie erzählen würde?

Während ich einerseits ihr Verhalten als »etwas übertrieben« abtat, war ich gleichzeitig auch fasziniert und schämte mich fast schon über meine Unwissenheit. Sie konnte mir nämlich auch noch erklären, warum auf meinem Teil der Straße weniger Menschen unterwegs waren. Sie hatte die Laufwege analysiert, sprich, sie ist den Passanten sogar teilweise gefolgt, um zu sehen, wohin sie gingen. Und dabei erkannte sie, dass durch den Boxi eine Art Grenze in unserer Straße entstand. Man parkte direkt am Boxi (und nicht bei mir) und ging danach in die umliegenden Läden. In meinem Teil der Straße gab es nicht so gute Parkmöglichkeiten, weshalb man dort eher seltener parkte, weil die Plätze von vielen Anwohnern belegt waren. Zudem war der hintere Teil unserer Straße, also dort, wo ihr Laden lag, eine Einbahnstraße, weshalb die

Passanten fast schon zwangsläufig an ihrem Laden vorbeifahren mussten, wenn sie vom Boxi wegwollten – nicht aber an meinem. So einfach war das. Und gleichzeitig hoch kompliziert. Es spielte also eine Menge Faktoren eine Rolle, die man nicht so einfach auf den ersten Blick erkennen konnte. Vor allem nicht, wenn man sich wie ich im Leben zuvor noch nie derart akribisch mit Laufwegen von Passanten beschäftigt hatte. In diesem Augenblick nützte mir das jedoch nichts. Ich saß nun in diesem Laden fest und hatte das starke Gefühl, statt eines Glücksgriffs einen tiefen Griff ins Klo getätigt zu haben. Kein Wunder, dass meine Vorgängerin so verzweifelt ihren BH ausgezogen hatte. Soweit wollte ich es aber nicht kommen lassen. Da hatte ich hoffentlich noch ein paar gute Ideen auf Lager, um die Nachteile des Objekts durch kluge Strategien auszugleichen.

Eine dieser Ideen war es, durch eine Aufstellertafel direkt an der Straßenecke auf mich aufmerksam machen – nur ein paar Meter neben meinem Nachbarladen. Hierfür bat ich meinen Nachbarn auch nicht um Erlaubnis. Warum auch? Es war eine öffentliche Straße und nicht seine. Das Verhältnis zwischen uns war freundlich, aber angespannt. Vermutlich war das erste Kennenlernen im falschen Laden schuld. Frank war Inhaber einer GmbH und hatte noch drei weitere Läden sowie eine Eventagentur. Ich hatte immer den Eindruck, dass er mich auch wie ein einfaches Servier-Frollein belächelte. Als Hausmeister war er nämlich auch mein Ansprechpartner für alles, was mit meinem Laden zusammenhing, und ich spürte oft bei Fragen an ihn, dass er mich scheinbar nicht ganz ernst nahm als Geschäftsfrau. Als ich mich entschied, die Tafel an der Ecke aufzustellen, ging das ganze drei Tage gut, bis Frank zu mir kam. Ich merkte schon, dass ihm das nicht gefiel, aber ich sah mich nicht in der Pflicht, auf ihn Rücksicht zu nehmen. Er sagte nur zu mir, dass das Ordnungsamt sich bei ihm beschwert habe, dass die Tafel da nicht stehen dürfe. Soso. Warum hatten die sich nicht bei mir direkt beschwert, wo doch mein Name auf der Tafel stand? Hätte das wirklich gestimmt, wäre sicher schon jemand von den Außendienstlern vom Ordnungsamt bei mir aufgetaucht oder ich hätte einen Brief erhalten. Ich glaubte ihm also kein Wort. Und mich ärgerte auch extrem, dass er das Ordnungsamt vorschob, anstatt zuzugeben, dass es ihn selbst störte. Es gab so viele Läden hier im Kiez, die Tafeln oder bemalte Fahrräder an Ecken aufstellten, um auf sich aufmerksam zu machen – selbst, wenn sie in der Nähe eines anderen Ladens standen. In Friedrichshain lebte man noch in einer alternativen Umgebung mit Hausbesetzern, Ladenbesitzern und Querdenkern und half sich gegenseitig. Dachte ich. Aber hier war das anders. Also räumte ich schweren Herzens mein Schild wieder weg. Denn hätte ich es stehen gelassen, so mutmaßte ich, hätte er auf irgendeine andere Art dafür gesorgt, dass das Schild verschwindet. Das war also nur der nett gemeinte Warnschuss. Ich vermutete, dass er in meinem Schild so etwas wie eine Bedrohung für seinen eigenen Laden sah, die aber in keinster Weise bestand. Vor allem, da auch er mitkriegte, dass ich schon vom ersten Tag an um mein Überleben kämpfte, während sich in seinem Laden die Massen tummelten. Ich verstand ihn einfach nicht. Heutzutage hätte ich mich von ihm nicht so leicht aus der Bahn werfen lassen und dafür gesorgt, dass mein Schild dort offiziell abgesegnet stehen bleiben darf.

Ich überlegte also weiter. Irgendwie musste es doch möglich sein, dass ich, ohne teure Werbeanzeigen irgendwo schalten zu müssen, Leute in meinen Laden ziehen konnte – und im Idealfall nicht nur für einen einmaligen Besuch, sondern auch noch als Stammkunden gewinnen konnte.

Ich wusste aus meiner bisherigen Gastronomieerfahrung, dass Abende, an denen DJs auflegten, immer gut liefen. Häufig brachten die DJs nämlich auch selbst noch Freunde und somit potenzielle neue Gäste mit. Ich sprach mit Freundinnen darüber, unter anderem auch mit Bettina. Sie lebte ja schon einige Jahre in Berlin und hatte ein riesiges Netzwerk an Freunden und Bekannten. Sie fragte herum und erzählte mir, dass zwei Freunde von ihr häufiger gemeinsam Indiemusik auflegten. Beide wohnten auch schon länger im Friedrichshainer Kiez und kannten viele Leute. Perfekt!

Keine zwei Wochen später legten die beiden Jungs an einem schönen Sommerabend ein buntes Potpourri aus großartiger Indiemusik auf. Sie hatten auch ein paar Freunde mitgebracht, und es war eine sehr nette, kleine Runde. Ich hatte auch ein wenig in den sozialen Medien, die damals noch Myspace hießen, geworben, einen Zettel im Fenster aufgehängt und natürlich die Aufstellertafel, die nun wieder vor meinen Laden zurückgewandert war, beschrieben. Ich arbeitete an dem Abend endlich wieder einmal nicht allein hinter der Theke, da ich für den Abend einen größeren Andrang erwartete.

Es war ein toller Abend für alle. Außer für mich. Während sich die insgesamt gerade einmal zehn Personen wunderbar unterhielten und tranken, wurde meine Laune von Minute zu Minute schlechter. Es war ein richtiges Unwetter, das sich da in mir zusammenbraute. Urplötzlich musste ich dann raus. Weg. Es war mir alles zu viel. Ich konnte keine gute Miene mehr zum bösen Spiel machen. Ich war bestimmt zwanzig Minuten weg, lief ziellos um den Block und hockte mich dann in den Nachbareingang wie ein trotziges Kind. Dort wäre ich am liebsten auch für immer sitzen geblieben und nie wieder reingegangen. Doch meine Mitarbeiterin Regina hatte mein Fehlen bemerkt, mich gesucht und schließlich überredet, wieder reinzukommen.

Alle Anwesenden starrten mich mit entsetzten Gesichtern an. Wie unangenehm. Ich murmelte irgendwas von »Jetzt guckt doch nicht so, ist alles in Ordnung. Die Party kann weitergehen!«. Aber die Stimmung war zerstört. Der Abend plätscherte noch vor sich hin, bis alle irgendwann kurz nach Mitternacht nach Hause gingen. Ich schickte Regina dann auch früher nach Hause und machte den Laden alleine zu. Ich wollte meine Ruhe haben und mich beim Gläserpolieren etwas beruhigen. Ich legte mir noch irgendeine Musik auf, die mich aber nicht entspannte, und spürte tief in mir, dass dieser Abend mir gezeigt hatte, wie mies zurzeit alles lief. Da packte mich erneut die Wut. Ich drehte die Musik ohrenbetäubend auf und fegte mit einem Arm wutentbrannt mehrere Gläser aus dem Regal. Und weil das noch nicht reichte, schnappte ich mir ein paar weitere Biergläser, die ich dann mit voller Wucht auf dem Boden zerschmetterte. Ich war einfach nur unfassbar wütend und tief enttäuscht. Von mir. Von dem Abend. Und von dem Laden. Ich konnte diese zerstörerischen Gefühle einfach nicht mehr in mir drin behalten und ließ ihnen freie Bahn. Erleichtert war ich danach leider nicht, sondern vielmehr noch enttäuschter von mir selbst.

Kurze Zeit später fegte ich die Scherben auf und fuhr zu Tim, um ihm von dem Abend zu erzählen. Ich hatte mir für den Abend mindestens 50 zahlende Gäste erhofft. Stattdessen waren nur zehn Gäste gekommen, die mir einen Umsatz bescherten, mit dem ich gerade so den Wareneinsatz decken und Regina bezahlen konnte. Schlimmer aber noch war, dass ich ihnen, während alle fröhlich waren, mit meinem Gefühlsausbruch den Abend verdorben hatte. Meine Gäste enttäuscht zu haben, war für mich noch viel schwerer zu ertragen als der schlechte Umsatz. Aber ich wusste einfach nicht, was ich noch tun sollte, um den Geldzufluss langfristig zu verbessern. Tim nahm mich in den Arm und tröstete mich. Er war sichtlich geschockt. Insbesondere über meine Aktion mit den Gläsern. Fast schon väterlich fragte er dann, was ich denn alles kaputt gemacht hätte. »Nur die alten Biergläser von den Vormietern. Nicht die guten neuen.« Er grinste und meinte: »Na dann hatte die ganze Aktion doch immerhin noch einen Sinn, und du hast endlich mal weiter ausgemistet.«

Dieser Abend ging nicht spurlos an mir vorüber. Alle schmunzelten zwar im Nachhinein darüber, dass ich beim destruktiven Gläserzertrümmern auch noch selektiv vorgegangen war. Aber in mir breitete sich ein ungutes Gefühl aus. Ich befand mich durch den Laden jetzt zunehmend in einer emotionalen Ausnahmesituation. Ich war bewusst Risiken durch diese Neugründung eingegangen. Und jetzt merkte ich, dass fast nichts so lief, wie ich es mir erhofft hatte. Es gab von Anfang an nur wenige Erfolgserlebnisse, die mir Zuversicht gaben. Hatte ich mir das einfach zu leicht vorgestellt oder war das ganz normal? War ich vielleicht nicht der Typ für die Selbstständigkeit? Lag es an meiner Geschäftsidee, dass niemand kam? Ich drehte mich mit diesen und vielen weiteren Fragen regelrecht im Kreis. Ich wollte unbedingt Antworten finden und daraus Lösungen ableiten. Also kontaktierte ich meinen Berater Stefan. Der konnte mir aber an diesem Punkt auch nicht wirklich weiterhelfen. Er sagte mir nur, dass man ganz schwer nach so kurzer Zeit sagen könne, wie sich der Laden entwickeln würde. Normalerweise gibt es die Faustregel in der Gastronomie, dass man nach frühestens einem Jahr eine ungefähre Prognose abgeben kann. Das war also das magische Ziel. Ein Jahr durchhalten. Danach konnte ich aufatmen. Oder zumachen. Ich speicherte diesen Zeitraum in mir ab und versuchte, die ersten Ohnmachtsgefühle gegen neuen Kampfgeist einzutauschen. Und das obwohl die fiese kleine Stimme ganz tief in mir drin sagte: »Martina, du siehst doch, das ist nichts mit dem Laden. Es läuft von Anfang an nicht gut. Du strauchelst schon jetzt. Wie soll das nur besser werden?«

Ich tat alles, um diesen Gedanken nicht allzu viel Macht zu geben. Ich hatte ja auch keine andere Wahl. Ich war erst knapp zwei Monate in dem Laden. Da konnte ich doch nicht einfach aufgeben und die Segel streichen. Es wäre noch viel zu früh gewesen, an diesem Punkt schon aufzugeben. Es war ja nicht so, dass ich keinerlei Gäste gehabt hatte. Wären in zwei Monaten keinerlei Menschen gekommen, dann hätte ich längst gehandelt. Es war vielmehr so, dass die Umsätze einfach noch nicht gut genug waren, um den Laden alleine zu tragen. Was leider nicht unüblich ist, was ich aufgrund meiner eigenen finanziellen Voraussetzungen aber nicht so einfach stemmen konnte. Unabhängig davon, dass ich so früh auch noch gar nicht aus dem Mietvertrag hätte aussteigen können, ohne weiter Miete zahlen zu müssen, hätte ich den Ausstieg zu diesem Zeitpunkt als übereilte Panikreaktion angesehen.

Also biss ich die Zähne zusammen und zog den Kampf weiter durch. Ich musste da jetzt einfach durch diese harte Anfangszeit einer Neugründung.

Während um mich herum am Boxi das Leben tobte, musste ich teilweise über Stunden alleine ohne einen einzigen Gast im Laden die Zeit totschlagen. Es gab dann zwar immer wieder einige neugierige Passanten, die zu mir reinschauten. Und manchmal hörte ich durch das offene Fenster, dass einer fragte: »Wollen wir da reingehen?«

Und dann die Antwort des anderen: »Nee du, da ist doch nix los!«

Ja, kein Wunder, dachte ich mir, *weil ihr nicht reinkommt, ihr Blödmänner!* Solche Kommentare taten ganz schön weh. Hier tat sich ein weiterer Teufelskreis auf, mit dem ich zu kämpfen hatte. Ein leerer Laden zog keine Gäste an. Das hat schlichtweg etwas mit Urinstinkten zu tun. Dort, wo sich keiner tummelt, muss irgendwas nicht stimmen. Oder anders formuliert: Dort, wo sich viele hinbegeben, muss es etwas Gutes geben. Das kann man auch immer schön an Flohmarktständen beobachten. Wenn zwei Kunden vor einem Stand stehen und intensiv Gegenstände begutachten oder in die Hand nehmen, kommen meist direkt weitere hinzu, weil sie vermuten, dass sie dort etwas Tolles finden könnten.

Nun konnte ich mir aber weder jeden Abend meine Freunde in den Laden einladen noch wollte ich Komparsen bezahlen, die sich zu mir reinsetzen. Ich musste echt schlucken, als mir ein Bekannter erzählte, dass es Läden gebe, die Leute dafür bezahlen, um bei ihnen was zu trinken, um den Anschein zu erwecken, dass der Laden gut besucht ist. Das Prinzip dahinter ist gar nicht so blöd. Ich hatte damals ja selbst schon Marketingerfahrung und wusste, dass man durch Psychologie viel erreichen konnte. Ich hätte also potenziellen Gästen vorgaukeln sollen, dass bei mir etwas los war und dafür auch noch bezahlen müssen? Dafür hatte ich weder das Geld noch entsprach so ein Vorgehen meinen moralischen Vorstellungen davon, wie man ein Geschäft langfristig aufbaut. Dann saß ich doch lieber alleine da und hoffte darauf, dass sich mein Laden mit der Zeit zu einem gut laufenden Laden entwickeln würde.

Eines Abends im Sommer, als ich wieder alleine in meinem Laden die Minuten zählte, hoffte ich allerdings auf gar nichts mehr. Ich hatte nun schon viele Abende im Laden damit verplempert, teilweise vier oder fünf Stunden Gläser zu polieren oder sonst irgendwie aktiv zu wirken. Wenn im leeren Laden der Inhaber auch noch träge rumsitzt und auf sein Handy starrt, ist das für potenzielle Gäste noch abtörnender, als es der leere Laden sowieso schon ist. Heute war bei mir aber Schicht im Schacht mit Pseudoaktivitäten. Ich hatte keine Lust mehr, hier noch länger meine Zeit zu verschwenden und mich dabei von Passanten anstarren lassen zu müssen. Im Zoo zahlen die Leute wenigstens Eintritt fürs Glotzen. Ich war es einfach satt, mich und mein Versagen länger zur Schau stellen zu müssen. Tränenüberströmt baute ich die Terrasse an einem Samstagabend um 22 Uhr ab, genau um die Uhrzeit also, in der das Geschäft richtig Fahrt aufnimmt. Ich wurde noch nett von Gästen aus dem direkten Nachbarladen in meiner Straße gefragt, ob ich schon zumache. »Ja, siehste doch«, blaffte ich sie an. Ich schämte mich und raffte alles schnell zusammen und weinte drinnen in der Küche vor mich hin. Es war alles einfach nur noch zu viel für mich. Wie sollte ich das alles noch lange durchziehen können, wenn mir jetzt schon alles zu viel war an einigen Tagen?

Ich wäre am liebsten wieder weggelaufen wie an dem DJ-Abend einige Wochen zuvor. Diesmal aber richtig weit weg – ohne jemals zurückzukommen. So, als hätte ich nie existiert. Ich wollte ein neues Leben beginnen. Das war ein ganz alter, tief in mir verwurzelter Wunsch in schwierigen Lebenssituationen. Einfach abhauen und neu anfangen, um mich frei zu fühlen. Für mich standen in Stresssituationen hauptsächlich zwei Urinstinkte zur Verfügung. Kampf oder Flucht. Während wiederum manche bei Gefahr wie das Kaninchen vor der Schlange erstarren und handlungsunfähig sind, kannte ich als unbändiges Wildpferd diesen Gemützustand eher weniger. Aber manchmal musste auch ich mich geschlagen geben und konnte weder kämpfen noch fliehen. So wie an diesem Abend. Das Einzige, das ich jetzt noch machen konnte, war, mir die Bettdecke ganz weit über den Kopf zu ziehen, zu schlafen und zu hoffen, dass ich am morgigen Tag wieder mit neuer Energie und neuen Strategien in den Ring steigen konnte. Am nächsten Tag fühlte ich mich zwar wie gerädert, hatte aber wieder genügend neue Energie, um dem Sommer in Berlin in meinem Laden weiter zu begegnen. Das Sommerloch an Gästen hatte zwar bereits an die Tür geklopft, war aber im Gegensatz zu dem, was mich kurz darauf erwartete, die kleinste Herausforderung.

Eines Tages am Monatsende waren die täglichen Sorgen des Frollein Palisander nämlich kurzzeitig vergessen. Ich hatte viel Größere. Das Jobcenter hatte kein Geld überwiesen. Wie konnte das nur möglich sein? Ich rief vom Laden aus die Hotline an und erfuhr, dass mir offiziell nichts bewilligt worden sei, da kein ausgefüllter Weiterbewilligungsantrag von mir vorläge. Ich traute meinen Ohren nicht. Ich hatte doch alles per Post geschickt. War diese nicht angekommen oder meine Unterlagen in irgendeinem Stapel untergegangen? Die Antwort war letztlich egal. Fakt war, dass meine Unterlagen nicht da waren und ich dringend handeln musste. Ohne Termin rannte ich ins Jobcenter, wo man mir mitteilte, dass ich das Formular hier ausfüllen könne, um wenigstens Lebensmittelgutscheine zu bekommen. Die restliche Bearbeitung würde mindestens vier Wochen in Anspruch nehmen. Ich traute meinen Ohren nicht. Ich sollte hier über mehrere Wochen mit Lebensmittelgutscheinen abgespeist werden. Wovon sollte ich meine Miete zahlen? An diesem Tag bin ich, glaube ich, das erste Mal wirklich ausgerastet bei einem Sachbearbeiter. Ich war total verzweifelt und hilflos und bettelte um zügige Bearbeitung. Aber es half nichts. Man sagte mir, die Bearbeitung brauche nun mal seine Zeit, und ich wurde mit zwei Gutscheinen in der Hand verabschiedet. Da saß ich nun. Total am Ende.

Ich kontaktierte sofort meinen Berater Stefan, der mir in dieser schwierigen Situation wieder hilfreich zur Seite stand. Er setzte mit mir ein Schreiben auf, das einschlug wie eine Bombe. Wenige Tage später hatte ich das Geld auf meinem Konto. Nochmal erleben möchte ich diese Situation aber nicht. Das Einlösen der Gutscheine an der Supermarktkasse war eine Tortur. Ich hatte wohl ein paar Dinge in meinen Wagen geräumt, die nicht damit bezahlt werden konnten. Ähnlich wie in der TV-Werbung aus den 80ern, in der Hella von Sinnen schreit »Tina, wat kosten die Kondome?«, erging es mir in dem Moment. Mit hochrotem Kopf stand ich da und fühlte mich nicht nur beobachtet, sondern auch noch wie ein Verbrecher vorgeführt, der versucht, mit seinen Gutscheinen Dinge zu erschleichen, die ihm gar nicht zustehen. Ich habe mir geschworen, niemals im Leben wieder einen Lebensmittelgutschein anzunehmen.

Irgendwie konnte ich diese Tage ohne Geld einigermaßen gut durchstehen, aber nochmal möchte ich diese äußerst beschämende Situation nicht erleben. Dieses Erlebnis hinterließ Spuren in mir, die sich in einer weiter steigenden Unzufriedenheit über mich und mein Leben manifestierten. Das bekam auch Tim zu spüren.

Meine Unzufriedenheit über den Laden veränderte auch nach und nach unsere Beziehung. Ich konnte nicht vor ihm verbergen, dass es mir nicht gut ging. Und auch nicht, wie abhängig und hilflos ich mich fühlte. So richtig konnte er es mir zu der Zeit vermutlich auch nicht Recht machen. Ich bemerkte schon länger, dass die liebevollen »Ich vermisse dich«-SMS vom Anfang nicht mehr kamen und wir nur noch selten etwas gemeinsam unternahmen, weil sich alles nur noch um den Laden drehte. Eines schönen Wochenendes erzählte mir Tim, dass er auf eine Party eingeladen sei, auf der auch seine Ex-Freundin Jessica sein würde. Mir klappte die Kinnlade runter. Bereits in der ersten Nacht unseres Kennenlernens hatte er sie erwähnt und sich seitdem immer wieder widersprüchlich über sie geäußert. Mir war sie letztlich egal. Jeder hat seine Vorgeschichte. Aber ich mochte nicht, dass sie weiterhin thematisiert wurde. Und wenn es auch nur darum ging, dass er nicht nett über sie sprach, um mir zu signalisieren, dass es für ihn auch wirklich vorbei war.

Er bemerkte, dass ich nicht sonderlich darüber erfreut war, dass er auf diese Party gehen wollte, und sagte beschwichtigend, dass ich mich mal nicht so anstellen solle. Mit ihr sei wirklich nichts mehr, und wenn ich mir noch mehr Sorgen machte, würden ich noch mehr Falten im Gesicht bekommen, die mich auch nicht schöner machten. Bumm! Das hatte gesessen. Ich war unfassbar gekränkt. Ließ mir aber nicht anmerken, dass ich den Kommentar total daneben fand, trank meinen Kaffee und verschwand. Diese Aussage von ihm war jedoch nur der Vorbote für einen viel größeren emotionalen Fausthieb. Nach der Party meldete sich Tim nämlich mehrere Tage nicht mehr bei mir. Ich ahnte schon, dass etwas passiert war, da er auf meine Anrufe nicht reagierte. Irgendwann hielt ich diese Ungewissheit nicht mehr aus und rief ihn von einem ihm unbekannten Apparat aus an. Zuvor hatte ich es mit meiner eigenen unterdrückten Nummer erfolglos versucht.

Es klingelte. Dreimal. Dann hob er ab. Mein Herzschlag pulsierte in meinen Ohren. Ich musste schlucken. Nach einigen Sekunden der Stille kamen mir nur zwei Sätze über die Lippen. »Ich bin's. Ist etwas passiert?«

Mehr konnte ich nicht aus meinem Körper herauspressen. Stille. Mein Herz raste weiter wie verrückt. Es fühlte sich an, als müsste ich mich gleich übergeben.

Ja, es sei etwas passiert. Wieder Stille. Ich hörte, wie es auch Tim nicht leichtfiel, mit mir zu sprechen. Ich hielt es nicht aus und fragte ihn nur: »Ja, was ist denn verdammt nochmal passiert? Hattest du einen Unfall oder war da was auf der Party mit Jessica?«

Nein, mit Jessica sei nichts gewesen. Aber mit einer anderen Frau.

Ich knallte den Hörer auf und weinte. Dann rief ich ihn erneut an und zitierte ihn in meine Wohnung. Er tat, wie ihm geheißen. Ich begrüßte ihn nur durch ein Nicken, ich konnte nichts sagen. Er redete.

»Es tut mir leid. Ich bin ein Idiot. Ich wollte das nicht.« Er führte einen langen Monolog, in dem er sich zu erklären versuchte, sich selbst für sein Handeln verurteilte und versprach, dass das nie wieder passieren würde.

Ich glaubte ihm alles. Ich wollte ihm einfach glauben. Aber ich war zu dem Zeitpunkt nicht in der Lage, die Beziehung mit ihm, gerade jetzt, aufzugeben. Hinzu kam, dass ich leider schon immer sehr großes Verständnis für Fehler anderer hatte. Mehr noch als für meine eigenen. Ich verzieh Tim am selben Tag. Ich wollte einfach nur, dass alles blieb, wie es war. Aber das war nicht möglich. Unsere Beziehung hatte einen deutlichen Knacks erlitten. Tim hatte durch sein Fremdgehen für eine spürbare Distanz gesorgt. Und in mir das Vertrauen in ihn nachhaltig zerstört.

Durchhalten

Der Sommer neigte sich langsam seinem Ende zu. Jetzt kam die normalerweise für mich schönste Zeit des Jahres. Der Herbst. Noch heute liebe ich es, wenn es sich nach der Hitze abkühlt, die Blätter fallen und Veränderung in der Luft liegt.

Ich hatte den Sommer irgendwie durchgestanden. Meine Offensivaktionen hatten jedoch erst mal wenig gebracht. Ich hatte das Gefühl, im Kampf um den Laden hilflos um mich zu schlagen. Das und das immer noch nagende Gefühl, von

Tim betrogen worden zu sein, bohrten sich wie ein steter Tropfen, der den Stein aushöhlt, in mein Selbstbewusstsein. Aber ich hatte immerhin über meinen Berater Stefan etwas Neues erreichen können, das mir helfen würde und mich von den Umständen etwas ablenkte. Ich wechselte den Getränkefachhändler und hatte nicht nur endlich einen geringeren Mindestbestellwert für Lieferungen. Das entlastete mich sehr, da ich häufiger auch kleinere Mengen bestellen konnte und nicht selbst losfahren musste zum Einkaufen. Vielmehr hatte ich jetzt auch noch einen kompetenten Ansprechpartner an der Hand, der mir mitteilte, dass ich sogenannte Werbekostenzuschüsse erhalten könnte, wenn ich Verträge mit Getränkeherstellern abschloss und deren Logos in die Karte aufnahm. Ich war begeistert!

Ich hatte natürlich immer schon in meinen Jobs zuvor mitbekommen, dass Gastronomen Werbepartner oder Brauereiverträge hatten. Aber ich hatte geglaubt, das gelte nur für etablierte Läden mit bereits nachweisbaren Absatzmengen. Diese Art von Verträgen, die von zuvor erzielten und demnach zu erwartenden Umsätzen abhängig waren, kristallisierten sich jedoch als nur eine von vielen Unterstützungsmöglichkeiten heraus. Dass ich also auch als gerade erst eröffneter Laden mit reinen Schätzmengen davon profitieren konnte, war mir neu. Durch dieses neu erlangte Wissen wurde ich positiv überrascht und erhielt über den Getränkefachhändler einen ersten groben Überblick über die Gelder, die überspitzt ausgedrückt einfach auf der Straße lagen. Neben reinen Geldwerten wären auch Sachwerte wie zum Beispiel ein großer, beleuchteter Ausleger für die Fassade möglich oder aber Wandtafeln, Barzubehör wie Tablets und vieles mehr. Das konnte ich natürlich alles gut gebrauchen. Und da ich mich ja mit meinem Laden weiterhin im toten Winkel befand, war ich froh, nach kurzer Zeit eine passende Brauerei für den dringend notwendigen Ausleger gefunden zu haben, deren Stil auch meinem eigenen entsprach. Es war schon irgendwie putzig, als einige Monate später zwei ältere, stattliche Herren mit bayerischem Akzent extra zu mir nach Berlin anreisten, um mit mir die Details für den Ausleger zu besprechen. Sie wirkten in ihren traditionell angehauchten Anzügen mit Gamsbart am Hut auf meiner abgeschrammelten Ledercouch zwar ein wenig verloren. Doch sie waren begeistert davon, in einem aus ihrer Sicht hippen Laden wie meinem mit ihrer Marke präsent zu sein. Der Ausleger wurde ein echter Hingucker und weckte die Hoffnung in mir, dass das Frollein Palisander jetzt nicht nur im Dunkeln von allen Laufrichtungen her besser gesehen werden konnte.

Bei den Gesprächen mit den Außendienstmitarbeitern der Getränkehersteller merkte ich, dass das auch ein für mich interessanter Job sein könnte. Bei relativ freier Zeiteinteilung viel unterwegs zu sein und dabei noch mit den unterschiedlichsten Gastronomen in Kontakt zu kommen, stellte ich mir spannend vor. Wer weiß, vielleicht brauchte ich ja irgendwann mal wieder einen Job. Dann hatte ich immerhin eine Alternative zu den Scheißjobs, die ich seit dem Studienende gemacht hatte. So richtig wohl war mir bei dem Gedanken jedoch nicht, mir Alternativen zu meinem großen Traum suchen zu müssen. Aber ich speicherte diese Gedanken in einer tief in mir verborgenen Schublade unter »Plan B« ab.

Ich hatte durch die Werbekostenzuschüsse einen vorläufigen Rettungsanker für das Frollein Palisander aufgetan.

Dieser würde mir zwar nicht die Miete für das nächste halbe Jahr sichern, mich aber immerhin für eine kurze Zeit finanziell ein wenig entlasten. Es stellte sich aber heraus, dass der kleine Geldsegen doch nicht so schnell auf mich herabregnen sollte wie erhofft. Das lag daran, dass es teilweise mehrere Wochen dauerte, bis mir von den potenziellen Werbepartnern überhaupt Termine angeboten werden konnten. Dann vergingen wiederum weitere Wochen, bis ich die Einzelrechnungen einreichen durfte, da ich sie nur in Kombination mit dem Nachweis von erhaltenen Werbemitteln losschicken konnte. Und bis diese Rechnungen dann schließlich bezahlt wurden, war es fast schon Weihnachten. Der erhoffte Geldregen stellte sich vielmehr als etappenweiser Schauer heraus, der immerhin dafür sorgte, dass ich irgendwie über die Runden kam.

Der einzige Zeitpunkt, an dem ich alles Schwierige einmal gut ausblenden konnte, war, als mein 30. Geburtstag näher rückte. Ich blickte sehnsüchtig auf die Zahl in der Hoffnung, dass mit dem Ende der 20er auch eine neue Ära auf allen Ebenen anbrechen würde. Wenn ich zurückschaute auf diese Zeit, hatte ich etwas geschafft. Ein Studium durchgezogen und nebenbei so einiges an Berufserfahrung gesammelt, ja sogar einen eigenen Laden eröffnet. Es war also nicht Nichts, was ich bislang auf die Beine gestellt hatte. Und so übte ich mich in Optimismus und redete mir ein, dass ich von nun an in eine neue Dekade des Glücks und Erfolgs durchstarten würde. Was hätte ich mir auch anderes zur Ermutigung selbst sagen sollen? Die negativen Gedanken der letzten Monate hatte ich langsam satt. Zum Glück wusste ich damals noch nicht, wie die kommenden zehn Jahre für mich wirklich aussehen würden. Manchmal ist es besser, vorher nicht zu wissen, wie das Leben weiter verläuft. Vermutlich wäre ich ansonsten sofort auf eine einsame Insel ausgewandert.

Als ich am Vorabend meines Geburtstages arbeitete, merkte ich, dass ich der selten gewordenen Zuversicht mehr Raum in meinem Leben geben wollte. Ein paar liebe Freundinnen, die mir auch bei der Renovierung geholfen hatten, waren gekommen. Und natürlich auch Tim. Der musste zwar früh raus am nächsten Tag, wollte mich aber dennoch um Mitternacht beglückwünschen. Als mir diese für mich sehr wichtigen Menschen am Tresen gegenübersaßen, vergaß ich sogar für eine Weile, dass sie die einzigen Gäste waren. Ich spürte nach langer Zeit endlich wieder, dass ich zum Glücklichsein nicht viel brauchte. Weder Erfolg noch materiellen Reichtum. Ich war einfach nur froh darüber, dass sie für mich in dieser schwierigen Phase da waren. Dass sie mich nicht hängen ließen trotz meiner Launen. Dass es mit Tim wieder etwas vertrauter geworden war trotz seines Fremdgehens.

Das alles waren für mich Quellen des kleinen Glücks, die unabhängig von Geld oder Erfolg waren. Ich hatte in dieser Zeit nur kaum Muse, sie wahrzunehmen. Zu schwer lastete der finanzielle Druck auf mir. Wer jemals Existenzsorgen hatte, der weiß, dass es ein Kraftakt ist, sich auf das kleine Glück zu konzentrieren, wenn die apokalyptischen Reiter an die Tür klopfen. Wem nützt es auf Dauer, geliebt zu werden, wenn man nicht weiß, wovon man die Miete bezahlen soll? Als es dann um 24 Uhr so weit war, gratulierten mir meine Lieben, so wie ich es mochte: ohne viel Tamtam oder Brimborium, unauffällig und herzlich. Ich war glückselig und hätte diesen Moment am liebsten für immer festgehalten.

Der darauffolgende Tag verging durch Einkäufe und organisatorische Dinge wie im Flug, und am Abend war die etwas größere Feier – natürlich auch wieder im Frollein Palisander – angesagt. Es war ein einziger Marathon. Mir blieb wenig Zeit zum Nachdenken. An die zwanzig Freunde und Bekannte wollten gratulieren und natürlich auch von mir bewirtet werden. Die entspannte Zuversicht vom Vorabend gehörte der Vergangenheit an.

Irgendwann bemerkte ich, dass mehrere meiner Freunde in der Küche verschwanden. Was sollte das werden? Ich war schon kurz davor, ihnen hinterherzulaufen. Als sie mit einem Kuchen mit brennenden Kerzen herauskamen, wusste ich, dass das wohl eine Überraschung für mich werden sollte. Ich hasste diese Art von Aufmerksamkeit. Und dann fingen auf einmal auch noch alle an, zu singen. Ich wurde wütend und rannte raus. Die Blicke meiner Freunde sprachen Bände. Sie konnten absolut nicht verstehen, warum ich es nicht schön fand, dass sie für mich sangen. Ich schämte mich in Grund und Boden für meine Reaktion. Aber ich hatte in dem Moment das Gefühl, dass ich es nicht verdient hatte, gefeiert zu werden. Die lieben und fast schon unprätentiösen Glückwünsche vom Vorabend hatten eher zu meiner derzeitigen Stimmung gepasst. Ich war einfach zu sehr von Sorgen ausgefüllt und fühlte mich wie ein Niemand. Ich hatte zwar den Laden, konnte ihn aber nicht erfolgreich zum Laufen bringen. Ich fand mich weder toll noch wollte ich ungewollt im Mittelpunkt stehen. Ich hielt es drinnen nicht mehr aus und musste erst mal rausrennen an die frische Luft.

Irgendwie berappelte ich mich aber schnell wieder und kehrte in den Laden zurück. Dieses Mal war mein Ausbruch glücklicherweise nicht mit einem Stimmungseinbruch der Party verbunden wie an dem Abend, als die befreundeten DJs aufgelegt hatten und ich um den Block gerannt war und danach Gläser zerschlagen hatte. Ich wurde den Gedanken an diesen unangenehmen Moment jedoch den ganzen Abend nicht los und versuchte, ihn in Hefeweizen und lauter Partymusik zu ertränken. Dieser Versuch wurde jedoch nach kurzer Zeit jäh unterbrochen. Der Nachbar von der Eröffnungsparty stand in der Tür. Es war kurz vor Mitternacht. Ich brauchte ein paar Sekunden, um ihn einzuordnen, da ich ihn seitdem nicht mehr gesehen hatte. Aber ich wusste, das hieß nichts Gutes. Man sah ihm an, dass er genervt war. Er kam auch direkt zur Sache und teilte mir mit, dass es zu laut sei. Wir sollten gefälligst leiser feiern. Mehrere Monate waren seit seiner Kriegsandrohung vergangen. Ich hatte an einigen Abenden immer schon ein ungutes Gefühl gehabt, ob wieder eine Beschwerde von ihm kommen würde. Und da war er also. An meinem eigenen Geburtstag. Ich lenkte einigermaßen freundlich ein und versprach ihm, leiser zu sein. Er ging. Und für den Moment war die Sache erledigt.

Für die darauffolgenden Wochen hatte ich mehrere Geburtstagsveranstaltungen mit jeweils größeren Gästezahlen geplant. Mit dem Wissen im Hinterkopf, dass der Nachbar eventuell wieder herunterkommen könnte, wies ich die Gäste darauf hin, dass die Musik nicht allzu laut sein dürfte. Es nützte nichts. Bereits bei der ersten Veranstaltung kam er wieder genervt anmarschiert. Die Musik sei nicht das Problem. Eher der Lärmpegel, den die Menschen durch ihre Gespräche und Lachen verursachten, deutete er an. Aha, hatte er nun einen neuen Grund gefunden? Ich würde den Gästen nicht verbieten können, sich zu unterhalten. Das Frollein Palisander war ja schließlich keine Bibliothek. Er kam in der Nacht noch einmal runter. Die Gäste waren genervt. Und ich auch.

Mir schwante, dass er sein Versprechen wahrmachen wollte. Ich wusste nicht, was ich tun sollte. Mein Laden lief weiterhin schlecht. Mit diesen Partys verdiente ich immerhin einen Großteil meiner Miete. Wenn ich diese Partys nicht ein- bis zweimal monatlich machen konnte, war das mein Untergang. Wenige Wochen später war es dann auf einer Veranstaltung so weit. Nicht der Nachbar, sondern die Polizei kam. Er ging in seinem Kampf gegen mich also auf die nächsthöhere Stufe. Was kam nach der Polizei? Das Verbot, Veranstaltungen abhalten zu dürfen? Oder musste ich gar bangen, dass mich die Hausverwaltung aus dem Laden warf? Ich wurde immer ratloser und tauschte mich eher zufällig kurze Zeit später eines Abends mit der Inhaberin des Nachbarladens in meiner Straße aus. Nicht der benachbarte Eckladen, sondern der Laden, wo draußen die vielen Gäste zusammengeknüllt auf drei Bänken saßen, während bei mir gähnende Leere herrschte. Das Konzept der Inhaberin war eine Kiezkneipe mit regelmäßigen Life-Auftritten von Musikern. Zu ihrem Laden gehörte auch noch ein kleiner Plattenladen, den ihr Freund betrieb. Sie hatte sich also auf Musikliebhaber mit Hang zur Nostalgie und handgemachter Musik spezialisiert, was ich sehr sympathisch fand. Der Laden war immer gut besucht. Offenbar war sie mit ihrem Objekt 5m weiter schon wieder raus aus meinem toten

Winkel. Oder aber, wie sie mir an einem anderen Abend später erzählte, hatte sie sich ihre Stammkundschaft über Jahre einfach auch nur mühselig aufgebaut und extrem lange Durststrecken überstanden.

Sie erzählte mir daraufhin auch, dass auch sie Probleme mit einem Nachbarn habe. Wir stellten sehr schnell fest, dass es der gleiche war. Der Nachbar beschwerte sich also nicht nur über meine vermeintlich unerträgliche Lautstärke, sondern auch über die aus dem Nachbarhaus. Anscheinend ging das schon seit mehreren Jahren so, und die Polizei war auch regelmäßig bei ihr zu Gast. Er hatte es also nicht nur auf mich abgesehen. Ich war einerseits erleichtert. Andererseits wurde mir dadurch aber auch klar, wie tief die Wut in ihm sitzen musste. Ich verstand jedoch nicht, wieso es dort oben so laut war, während sich aus den unteren Etagen im Haus bei mir nie jemand beschwerte. Auch hier erfuhr ich von der Nachbarin den Grund: ein Kamin, der den Schall nach oben übertrug. Sie erzählte zwar, dass sie sogar schon mal eigeninitiativ überlegt hatte, den ungenutzten Kamin mit Sand zuschütten zu lassen. Als sie aber die Preise dafür erfuhren hatte, hatte sie diese Idee sofort fallen lassen.

Mir blieb der Mund offen stehen. Ein Kamin als weiterer Übeltäter? Das durfte doch nicht wahr sein! In was war ich da hineingeraten? An dieser Stelle musste ich an die akribische Einzelhändlerin aus meiner Straße denken. Hätte ich diese Info tatsächlich vorher erhalten können, indem ich mich bei den Bewohnern umgehört hätte? Oder würde eine Hausverwaltung einem potenziellen Neumieter sogar mitteilen, dass man einen Laden anmietet, über dem ein Nachbar wohnt, der sich andauernd über Lärm beschwert, weil ein Kamin den

Schall überträgt und die Hausverwaltung selbst keinerlei Anstalten macht, selbst für Schallschutz zu sorgen? War genau das nicht die Art von Geheimnissen, über die kein Vermieter gerne spricht? Ebenso wenig wie über Schimmel, Selbstmorde oder Posaunenspieler im Haus?

Schuldenberge

Mit dem Wissen im Nacken, dass jede Veranstaltung in meinem Laden möglicherweise zu einem Polizeieinsatz führen konnte, ging der Herbst in den Winter über. Die Mietzahlungen waren auch nach dem ersten halben Jahr immer noch ständig in Gefahr. Ich hangelte mich von Tag zu Tag und verbrachte fast meine komplette Zeit im Laden. Meinen Kühlschrank zu Hause brauchte ich nur für die Milch im ersten Kaffee morgens. Bereits nach drei Monaten in der neuen Wohnung in Friedrichshain erkannte ich, dass ich sie nicht halten konnte. Ich schaffte es nicht, den geringeren Mietzuschuss vom Jobcenter durch Umsätze aus dem Laden auszugleichen. Sprich, wenn ich Geld für meine Privatmiete abzwackte, fehlte sie nachher bei der Ladenmiete. Das konnte nicht funktionieren. Kaum eingezogen, kündigte ich meine Privatwohnung also wieder, jedoch ohne etwas Neues in Aussicht zu haben. Ein Fehler, den ich nicht noch einmal begehen würde, auch wenn der Wohnungsmarkt in Berlin damals noch nicht so dramatisch war, wie er heute ist. Mein Vermieter, der auch der Eigentümer der Wohnung war, zeigte ehrliches Bedauern, konnte meine Entscheidung aber auch verstehen. Ich musste mich also ziemlich schnell um eine neue Bleibe kümmern.

Genau zu der Zeit erlebte ich einen weiteren Rückschlag. Tim und ich spürten, obwohl wir zwar wieder zusammen waren, dass wir uns entfremdet hatten. Seine Untreue stand weiterhin zwischen uns. Außerdem war die motivierte, vor Energie sprühende junge Frau, in die er sich verliebt hatte, nicht mehr da. Er erbat sich eine Auszeit von einer Woche und traf mich schwer damit. Ein Laden, der nicht lief, keine Wohnung und anscheinend bald wieder Single. Von alldem, was sich an meinem 30. Geburtstag noch gut angefühlt hatte, musste ich jetzt Abschied nehmen.

Ich willigte in die Beziehungspause ein und bat ihn darum, sich in der Zeit auch nicht bei mir zu melden. Wenn schon, denn schon. Das gefiel ihm zwar nicht, aber er willigte ein. Die ersten Tage unserer Auszeit waren schwer. Im letzten Jahr hatten wir nie mehr als drei Tage keinen Kontakt gehabt – außer als er fremdging. Alles kam wieder hoch. Der Betrug, die Entfremdung, doch zugleich auch meine starke Liebe zu ihm. Aber ich wusste, ich musste ihn loslassen und ihm die Zeit und Freiheit geben, die er sich wünschte. Nach fünf Tagen stand er urplötzlich bei mir im Laden. Wir fielen uns in die Arme. Ich war überglücklich. Ich war noch nicht bereit gewesen, ihn zu verlieren. Wir fühlten uns wieder vereint und versprachen uns, in Zukunft mehr zu reden über die Dinge, die uns belasteten. Und trotzdem wusste ich tief in meinem Herzen, dass wir uns hier an etwas festklammerten, das keine Zukunft hatte.

Meine Wohnungssuche lief derweil schleppend. Weil ich viel Zeit im Laden verbrachte, hatte ich wenig Zeit für Besichtigungen, die oft auch abends stattfanden. Aber auch mein eingeschränktes Budget war eine Bürde. Zudem wollte ich ja auch in Ladennähe bleiben und nicht irgendwo in die Pampa ziehen müssen, nur weil es dort billiger war. Dann müsste ich nachher noch mehr Zeit als zuvor von Neukölln aus einkalkulieren und könnte mich in einem Pendlerzug häuslich einrichten. Nein danke! Schließlich kam jetzt auch noch hinzu, dass ich offiziell eine Selbstständige war, die finanziell auf sehr wackeligen Beinen stand. Keine gute Voraussetzung, um im Auswahlverfahren von Hausverwaltungen in vorderster Reihe mitzuspielen.

Als die Zeit immer mehr drängte, nahm ich an einer Besichtigung teil, bei der ich normalerweise nach einer Minute wieder gegangen wäre. Eine dunkle, unvorteilhaft geschnittene Hinterhofwohnung mit Linoleumboden. Aber der Preis stimmte. Auch für das Jobcenter. Ich bemerkte in den Gesichtern der anderen Interessenten, dass hier niemand wirklich angetan war. Das war meine Chance. Ich kam mit der Verwalterin freundlich ins Gespräch und teilte ihr mein Interesse mit. Kurze Zeit später erhielt ich den Zuschlag. Meine Eltern mussten jedoch als Bürgen herhalten. Ohne sie hätte ich keine Chancen auf dem Wohnungsmarkt gehabt. Auch wenn manche Stimmen anderes behaupten, ist die Tatsache, dass man Geld vom Jobcenter erhält, keine Sicherheit für potenzielle Vermieter. Einen soliden Bürgen wollte bei mir bis dato jeder Vermieter noch zusätzlich haben, selbst wenn das Jobcenter die Miete direkt auf das Konto des Vermieters überwiesen hätte. So ist der Wohnungsmarkt nun mal. Ich konnte schon damals froh sein, dass ich als Hartz-IV-Empfänger überhaupt in die engere Wahl der Vermieter kam. Immerhin hatte ich damals noch eine saubere Schufa. Das erleichterte alles. Als Hartz-IV-Empfänger, selbstständig und dann auch noch mit negativen Schufa-Einträgen hätte ich wohl noch nicht mal in der Pampa etwas anmieten können bei einer offiziellen Hausverwaltung. Außer vielleicht noch mit viel Glück über Beziehungen oder eine große Portion Hartnäckigkeit. Ich redete mir die Wohnung also schön, war unendlich dankbar für den Zuschlag und hoffte, dass Tim mir Laminat verlegen würde. Der Linoleumboden war nämlich ein einziges Desaster. Den Laminatboden konnte ich zum Glück mit meiner Möbelhauskreditkarte auf Raten kaufen. Mit diesem Kredit hatte ich im Übrigen auch die Außenbestuhlung meines Ladens finanziert. Wenn mir schon keine normale Bank einen Kredit gab, so nutzte ich doch jede Chance, an neue Gelder zu kommen.

Neben Ratenzahlungen dieser Art gab es zum Beispiel noch die Möglichkeit, mir ganz einfach privat Gelder zu leihen. Zum Jahresende hin überwand ich mich und sprach offen mit Freunden und Bekannten darüber, dass ich den Laden nur am Laufe halten konnte, wenn ich neue Gelder zuschoss. Ein schwieriger Schritt. Es fühlte sich wie das Eingeständnis meines Scheiterns an. Meinen Eltern offen darzulegen, dass ich es mit dem Laden wahrscheinlich nicht mehr lange schaffen würde – dafür war mein Stolz allerdings zu groß. Wir telefonierten regelmäßig. Aber sie lebten weit weg. Dadurch konnte ich zum Glück einiges von ihnen fernhalten. Und da sie selbst auch nicht in Reichtum schwammen und dem Ende ihres Arbeitslebens entgegensahen, waren sie für mich auch die Allerletzten, die ich um zusätzliche Gelder für meinen Laden bitten wollte. Sie hatten mich schon immer so gut es ihnen möglich war unterstützt. Das wollte ich einfach nicht über-strapazieren.

Meine engeren Freunde waren dann doch ein Stückchen näher an mir und dem Laden dran und per se durch ihr Alter auch an einem anderen Punkt in ihrem Arbeitsleben, sodass ihnen Darlehen leichter fielen. Mittlerweile auch zu einem engeren Freund geworden war Peter. Er hatte nicht nur seinen Geburtstag mit den Musikern bei mir gefeiert. Er kam jetzt regelmäßig vorbei, wenn er nicht auf Tour war, und brachte immer wieder neue Leute mit. Er vertrieb mir an so manchen Abenden das Gefühl der Einsamkeit am Tresen durch tolle Gespräche. Als ich im Spätherbst anfing, offen über meine finanziellen Probleme zu sprechen, überraschte er mich sehr. Er bot mir an, mich zu unterstützen. Er glaubte an mich und mein Ladenkonzept und wollte seinen Teil dazu beitragen, dass es bald besser lief. Er bot mir sogar auf zwei Arten seine Unterstützung an. Die eine war ein privates Darlehen. Die andere eine Veranstaltungsreihe mit befreundeten Musikern. Er hatte die Idee, dass Bands bei mir ihre Platten auflegen könnten. Er erzählte mir, dass viele Musiker es liebten, mal nicht ihre eigenen Songs singen zu müssen. Ich war begeistert und konnte es kaum fassen. Ich sah schon tausende Menschen vor meinem Laden Schlange stehen, um die Toten Hosen bei mir im Laden zu sehen. Meine Freude wurde in Gedanken dann aber direkt durch den genervten Nachbarn getrübt. Ich verdrängte ihn schnell. Ich wollte mir doch nicht von so einem Heini verbieten lassen, dass großartige Musiker in meinem Laden auflegten. Das war für mich eine einmalige Gelegenheit.

Etwas hoffnungsvoller gestimmt, blickte ich also dem dunklen Winter im Laden entgegen. Nach mehr als einem halben Jahr kamen nun regelmäßig einige Stammgäste und kleinere Gruppen regelmäßig zu mir. Die Umsätze reichten immer noch gerade nur dafür, die Miete zu zahlen. Aber immerhin war eine Veränderung spürbar. Der Herbst hatte mich nicht enttäuscht. Mit den fallenden Blättern wehte langsam auch ein neuer, frischer Wind im Frollein Palisander. Trotz alledem war ich mir bewusst, dass ich noch lange nicht aus dem Gröbsten raus war und Geld brauchte. Die Getränkeindustrie half mir, ebenso das Darlehen von Peter. Ich fragte weiter herum und lieh mir noch von anderen Freunden Geld. Ich war gerührt über die Hilfsbereitschaft, bemerkte aber schon jetzt, dass sich mein Schuldenberg immer weiter auftürmte. Schließlich waren da auch noch der Bankkredit und all die Dinge, die ich mit der Möbelhauskreditkarte gezahlt hatte. Es musste also bald um einiges besser im Laden laufen, damit ich das geliehene Geld auch irgendwann zurückzahlen konnte. Während mir meine Freunde alle Zeit der Welt ließen, hatte auch Peter als Geschäftsmann einen Vertrag aufgesetzt mit Zinsen und Rückzahlungsmodalitäten. Ich fand das zunächst ein wenig übertrieben, konnte ihn aber auch verstehen, da wir uns ja erst eine kurze Weile kannten und er sich auch absichern wollte.

Ich beobachtete den wachsenden Schuldenberg zu dieser Zeit noch zuversichtlich. Die Veranstaltungsreihe mit den Künstlern würde sicherlich einiges rausreißen können.

Nach einigen Brainstorming-Bieren mit Peter hatten wir auch schnell einen Namen gefunden. Es musste etwas mit mir als Laden und der Art der Musiker zu tun haben, die auflegen würden. »Rock that Frollein« war geboren. Losgehen sollte es im neuen Jahr. Jetzt mussten nur noch tolle Künstler zusagen und Berlin davon erfahren, was in meinem Laden demnächst so abgehen würde. Ich brauchte also neben Peter am besten noch einen PR-Profi. Da fiel mir sofort meine ehemalige Kollegin Barbara vom Musikverlag ein, mit der ich mittlerweile auch eng befreundet war. Sie war für die Öffentlichkeitsarbeit bekannter Musiker über eine Agentur tätig und war genau die Richtige, um meiner Veranstaltungsreihe zu Bekanntheit zu verhelfen. Das tat sie natürlich ehrenamtlich und ich war ihr unfassbar dankbar dafür.

Den krönenden Abschluss dieses anstrengenden Jahres stellte dann eine kurzfristige Silvesterpartyanfrage dar. Eigentlich hatte ich Silvester gar nichts geplant im Laden. Als ein guter Bekannter aber anfragte, ob er spontan mit 100 Mann bei mir feiern könnte, sah die Sache anders aus. Na, aber sischa dat! Es musste einfach Kohle reinkommen. Und an Silvester, wo alle feiern, würde sich ja hoffentlich niemand über den Lärm beschweren.

Die Party war ein voller Erfolg. Es war rappelvoll, die Leute feierten wie verrückt, und ich hatte das erste Mal richtig Geld in der Kasse. Der Start ins neue Jahr verlief also absolut grandios. Ich hatte das erste Mal seit Langem wieder sowas wie Glücksgefühle im Frollein Palisander.

Rock that Frollein

Schon die ersten Tage nach dem grandiosen Start ins neue Jahr holten mich schnell auf den harten Boden der Tatsachen zurück. In den ersten Januarwochen herrschte absolut tote Hose im Laden. Normal in der Gastronomie, aber schlecht für mich. Zu allem Überfluss lief mit Tim immer noch nicht alles wieder rund. Silvester hatten wir zwar gemeinsam verbracht, schliefen dann aber wieder wie Bruder und Schwester nebeneinander ein. Und das Laminat in meiner neuen Wohnung hatte er auch erst zur Hälfte verlegt und sich seit Wochen immer wieder in Ausflüchte gerettet. Ich war frustriert. Es war einfach weiter der Wurm drin seit unserer letzten Auszeit. Der halbfertige Bodenbelag wurde so zum Symbol unserer Liebe, bei der nichts mehr zusammenpasste und in die keiner von uns noch groß investieren wollte und konnte. Täglich stolperte ich über abstehende Kanten und Stapel von angesägten Bodenteilen in meiner Wohnung. Zum Glück hatte ich aber noch jemanden an der Hand, der handwerklich begabt war. Meinen Freund Mike, meine große Jugendliebe.

Irgendwann im Herbst hatte Mike auf einmal im Laden gestanden. Wir hatten schon seit mehreren Jahren keinen Kontakt mehr gehabt. Lediglich mit einem seiner besten Kumpels hatte ich durch Zufall über Myspace das eine oder andere Mal geschrieben, weil er ein Bekannter aus meiner Kindheit war. Er hatte daraufhin Mike ohne mein Wissen von mir und meinem Laden erzählt. Da war er also.

Auch mit kurzen Haaren sah Mike noch aus wie immer. Ich war total verdattert und meinte nur zu ihm wie zu einem gewöhnlichen Gast, dass der Laden noch nicht offen sei. Eine bescheuerte Begrüßung nach so vielen Jahren. Mir fiel in dem Moment einfach nichts Besseres ein. Nach dem ersten Schock plauderten wir fröhlich, und es zeigte sich, dass Mike auch noch direkt um die Ecke wohnte. Ich konnte es kaum glauben. Obwohl unsere Beziehung schon seit Jahren vorbei war, mochte ich ihn noch immer von Herzen, wusste aber zugleich, dass da nie wieder mehr zwischen uns sein würde. Tim sah das anders. Gerade er, der mich betrogen hatte, war nun offensichtlich eifersüchtig. Er war ziemlich genervt von der Tatsache, dass Mike jetzt auch ab und an in den Laden kommen würde, um ein paar Bierchen zu trinken. Ich fand das nicht schlimm. Ich verstand mich einfach gut mit Mike und war froh, dass wir Freunde waren. Außerdem war für mich unsere Beziehung schon gefühlte Lichtjahre her. Als Freund unterstützte mich Mike auch finanziell mit einem Darlehen für den Laden. Und dankenswerterweise auch, als ich ihm erzählte, dass Tim mich jetzt seit Wochen mit dem Laminat hängen ließ. Er wollte die Sache in die Hand nehmen. Und ich sagte dankbar: »Ja.« Mit der Entscheidung, in Sachen Laminat nicht Tims Launen abzuwarten, reifte ein Entschluss in mir, auch in anderer Hinsicht endlich klare Kante zu zeigen: Ich wollte Tim endlich verlassen.

Vermutlich hätte ich das schon viel früher tun sollen. Aber ich hatte auch Angst davor, gerade jetzt wieder alleine zu sein. Auch wenn wir schon länger kein wirkliches Liebespaar mehr waren, bot er mir doch auch eine starke Schulter zum Anlehnen. Ich konnte mir nur schwer vorstellen, wie es ohne ihn sein würde. Er war zu einem elementaren Bestandteil meines Lebens geworden. Und doch wusste ich, dass es mir auf Dauer auch sehr viel Kraft rauben würde, an einer Liebe festzuhalten, die längst vergangen war.

Eines Abends rief ich Tim also an und bat ihn um ein Gespräch.

»Muss das heute sein?«

Er wusste, worum es ging – und wollte die ganze Sache aussitzen. Doch diesmal würde ich nicht meiner und seiner Bequemlichkeit nachgeben. Innerhalb von 20 Minuten stand ich auf seiner Matte. Ich hatte alle seine Schlüssel dabei und mir meine Rede schon grob im Kopf zurechtgelegt. Als ich in sein Zimmer kam, lag er vor dem Fernseher und blickte nicht auf. Er wusste, was jetzt kam. Und zeigte mir extrem deutlich, dass es ihn nicht interessierte. Oder tat zumindest so, als ob es ihn nicht interessierte, was für mich keinerlei Unterschied machte. Ich fühlte mich beschissen in dieser Situation.

Auf meine Bitte hin, mich wenigstens anzusehen, schenkte er mir einen kurzen genervten Blick und schaute direkt wieder auf den Fernseher. Ich hatte mit allem gerechnet, aber nicht damit. Meine Rede fiel aus. Ich fasste mich stattdessen kurz und gab ihm seine Schlüssel zurück. Meine Wohnungs- und Ladenschlüssel verlangte ich auch noch zurück. Und ging. Voller Schmerz. Und gleichzeitiger Erleichterung.

Wenige Tage später kam er bei mir vorbei, um seine Sachen zu holen und küsste mich zur Begrüßung aus Gewohnheit auf den Mund. Ich wich erschrocken zurück und sagte unsicher, dass wir uns ja jetzt nicht mehr so begrüßen sollten. Es wurde eine extrem seltsame Begegnung. Er lobte, wie Mike das Laminat verlegt hatte, fragte mich aus, was ich so mache und wie ich mit »Rock that Frollein« vorankäme. Er wirkte interessiert, freundlich und gelöst. Mit dem Ende unserer Beziehung war offenbar auch ihm eine Last von den Schultern genommen worden. Wie ich kurz darauf erfuhr, wollte er seinen Plan, von dem er mir schon in den letzten Monaten unserer Beziehung erzählt hatte, endlich in die Tat umsetzen. Er wollte nach Australien reisen und dort für ein Jahr auf große »Work-and-Travel«-Tour gehen. Er war noch nie viel gereist. Und liebte das Gefühl von Freiheit. So wie ich. Für ihn war sein Motorrad sein persönlicher Ausdruck von Abenteuer im Großstadtdschungel. Dass er endlich mehr von der Welt sehen wollte, konnte ich gut verstehen, da es mir ähnlich ging. Am liebsten mal ganz weit weg reisen und sich neu erleben. Wir hatten über seine Idee schon öfters gesprochen. Ich war immer dafür gewesen, dass er seinen Traum verwirklichte, und stellte mich und meine Bedürfnisse dabei zurück. Er hatte mich bei meinem Traum unterstützt, und deshalb war es für mich auch selbstverständlich, dass ich ihn in allem, was er vorhatte, unterstützen würde. Nun war es also so weit. Er war frei von mir und bereit, nach Australien zu gehen.

Ich freute mich für ihn. Und war gleichzeitig tief getroffen. Hatte er mich also dazu gebracht, ihn zu verlassen, damit er guten Gewissens nach Australien abzischen konnte?

Nachdem Tim seine Sachen abgeholt hatte, war ich außerdem extrem verwirrt. Es war auf einmal so entspannt mit ihm gewesen wie schon lange nicht, und gleichzeitig wusste ich, dass ich ihn nun für immer verloren hatte. Wer weiß, ob er je wiederkommen würde. Aber das war jetzt unwichtig. Ich war nun allein. Die Unterstützung, die er mir im Laden gegeben hatte, war von nun an weg. Ich musste mich jetzt komplett auf mich allein gestellt durchkämpfen. Ohne eine starke Schulter zum Anlehnen, wenn ich mich schwach oder hilflos fühlte. Hätte ich damals schon gewusst, dass er sich später mir gegenüber für immer wie ein Geist verhalten würde und bei einem zufälligen Zusammentreffen mit mir einfach davonlaufen würde, hätte ich mir diesen Trennungsschmerz sicherlich ersparen können. Aber das wusste ich damals noch nicht. Ich versuchte, mich wie eine Besessene auf den Laden und meine Zukunft zu konzentrieren. Das gelang mir zum Teil auch, da es wirklich viel zu tun gab. Peter hatte sein Wort gehalten und mehrere tolle Bands für meine Veranstaltungsreihe akquiriert.

Und dennoch. Die Trennung von Tim war erst ein paar Tage her und ich schwankte zwischen Verzweiflung und neuen Lebensgeistern. Eine gefährliche Mischung für den ersten Abend von »Rock that Frollein« mit einer bekannten deutschen Punkband. Der Laden war relativ voll, da die Jungs von der Band auch selbst ordentlich Werbung gemacht hatten. Sie legten einen bunten Mix aus Rock und Alternative auf und alle hatten sichtlich Spaß. Bis auf einen. Meinen Nachbarn. Der kam an diesem Abend höchstpersönlich runter, anstatt die Polizei zu rufen. Vermutlich auch nur als letzten Warnschuss. Er teilte mir mit, dass das so auf Dauer nicht weitergehe. Er habe der Hausverwaltung schon Bescheid gegeben, dass der Lärm, der durch meine Veranstaltungen produziert würde, für ihn und seine Familie nicht zumutbar seien. Wenn die Musik außerdem nicht innerhalb der nächsten halben Stunde deutlich leiser sei, rufe er die Polizei. Die Band und ich waren sichtlich geschockt. Wir drehten leiser. Hatte er mir jetzt also tatsächlich gedroht, mich bei der Hausverwaltung anzuschwärzen? Reichte es ihm denn nicht, dass er andauernd die Polente rief? Wo sollte das noch hinführen?

Ich konnte meinen Nachbarn an ein paar Punkten sogar verstehen. Ich bin selbst ein hochsensibler und hellhöriger

Mensch und könnte niemals an einer viel befahrenen Straße leben. Oder an einem Platz wie dem Boxi und dann auch noch über einer Kneipe und mit einer weiteren direkt nebenan. Was ich jedoch bis heute nie verstanden habe, ist die Tatsache, warum er und seine Familie dort wohnen geblieben sind, obwohl sie sich schon seit Jahren über den Lärm ärgerten? Dieses Verhalten hatte für mich etwas von dem eines Hausdrachen an sich. Und den hatte ich mir bis dato immer als alte Omi vorgestellt, die schon seit Jahrzehnten vereinsamt in einem Haus lebt und auf ihre alten Tage nicht mehr umziehen will. So wie ein alter Baum, den man auch nicht mehr verpflanzen kann. Aber er? Ich schätze, er war um die 30, fuhr Skateboard und wirkte äußerlich wie jemand, der einen alternativen Lebensstil führte. Also so, wie die meisten Menschen, die in Friedrichshain wohnten. Mir wollte es einfach nicht in den Schädel, warum er sich und seiner Familie und letztlich natürlich auch mir das Leben so schwer machte. Ging es hier vielleicht letztlich nur noch darum, dass er als Mieter Recht bekommt und gehört wird und gar nicht so sehr um das Lärmproblem selbst? Welchen Kampf er auch immer für sich ausfechten musste. Ich war unfreiwillig darin verwickelt. Diese und weitere Fragen kreisten also in meinem Kopf, und ich wusste, dass ich hier und heute keine Antwort finden würde. Ich schaltete ab und mir war dann irgendwann alles egal für diesen Abend. Ich trank einfach immer weiter mit dem Wissen, dass ich in fünf Stunden selbst wieder arbeiten und die Bergische Kaffeetafel auftischen musste.

Als es irgendwann sogar nur noch drei Stunden bis zum Arbeitsbeginn waren, entschied ich, dass zu viel Zeit dabei draufgehen würde, jetzt noch nach Hause zu gehen.

Ich legte mich einfach auf der Couch im Laden ab, deckte mich mit einem falschen Tigerfell zu, das sonst als kleiner Teppich unter einem der Couchtische lag, und schlief ein.

Kurz vor elf klopften Gäste an die Tür. Ich schreckte hoch. So ein Mist. Mir war schlecht. Ich war auch bestimmt noch betrunken. Und es war noch rein gar nichts für das Frühstück vorbereitet. Ich wimmelte die Gäste ab und klebte schnell einen Zettel in die Tür, dass es heute später losgehe, spülte mir den Mund mit Minztee aus und zauberte innerhalb von dreißig Minuten ein Frühstücksbuffet. Wie ich diesen Arbeitstag überstanden habe, weiß ich nicht mehr. Als ich abends abgelöst wurde, ging ich nach Hause und schlief direkt neben Kater Jimmy vor dem Fernseher ein. Der hatte mich auch schon unglaublich vermisst. Aber er war es ja nun schon seit Längerem gewohnt, mich fast nur noch nachts zu sehen.

Nach diesem erfolgreichen Start mit »Rock that Frollein« folgte kurze Zeit später das Highlight mit einer national gefeierten Band, die sich in ihrer Musik und ihrem Lifestyle dem amerikanischen Cowboyleben verschrieben hatte. Die Jungs füllen auch heute noch große Hallen, und ich war in der glücklichen Lage, dass einer der beiden Sänger bei mir seine Platten auflegte. Der andere Sänger und der Rest der Band waren aber zur Unterstützung auch am Start, was ich sehr rührend fand. Sie waren bekannte Stars und ich hatte echten Respekt vor ihrem Gig bei mir. Ich hoffte doch sehr, dass sie keinen separaten VIP-Bereich brauchten, da ich ihnen den höchstens in meiner Küche oder im Behinderten-WC hätte anbieten können. Zum Glück waren sie genauso normal wie alle anderen Menschen auch und zeigten echte Dankbarkeit für die Gastfreundschaft in »meiner einfachen Hütte«. Peter war natürlich auch bei jeder seiner Veranstaltungen am Start und nahm mir die Scheu vor den großen Popstars. Bereits zwei Stunden vor Veranstaltungsbeginn füllte sich der Laden fast schon bedrohlich. Ich wusste ja, dass die Jungs bekannt waren, aber damit, dass wirklich so viele Leute kommen würden, hatte ich nicht gerechnet. Als der Sänger gegen zehn Uhr begann aufzulegen, war der Laden kurz vor dem Zerbersten. Wir arbeiteten zu dritt hinter der Theke, um mit dem Ansturm klarzukommen. Als dann jeder sein Getränk hatte, beruhigte sich die Situation und die Party konnte beginnen. Kurz vor elf war jedoch schon wieder fast alles vorbei. Wieder hatte der Nachbar die Polizei gerufen. Ja klar, da waren über hundert Mann in meinem Laden. Deutschlands bekannteste Cowboys waren ja auch am Start! Aber es gab doch auch so viele andere Kneipen gerade in der Ecke, die abends voll mit um die hundert Menschen waren und wo ein DJ Musik auflegte. Riefen da die Nachbarn auch ständig nach dem Schutzmann? Ich war mit meinem Latein am Ende. Allen Widrigkeiten zum Trotz zogen wir die Veranstaltung bis in die Morgenstunden, wenn auch leiser, durch, und es war für alle letztlich doch noch ein unvergesslicher Abend.

Wenige Tage später erhielt ich einen Brief von der Hausverwaltung mit der Information darüber, dass man mir meine Veranstaltungen offiziell untersage. Ich hätte eine Kneipe und keinen Club gemietet, und da es nun wiederholt Beschwerden aus dem Haus gegeben habe, sei man dazu gezwungen, diesen Schritt zu gehen. Von wem diese Beschwerden kamen, war nicht schwer zu erraten. Außer diesem Nachbarn hatte sich sonst noch nie jemand, zumindest nicht bei mir oder meiner Nachbarin, direkt beschwert.

Jetzt wurde sie also wahr. Die Drohung vom Eröffnungsabend. Obwohl ich keinen Krieg wollte, hatte ich ihn jetzt
sogar schwarz auf weiß. In voller Härte. Und mit den schwersten Geschützen.

Dieses Schreiben riss mir den Boden unter meinen Füßen weg.
Ich konnte mit der Hausverwaltung zwar noch aushandeln,
dass die letzten »Rock that Frollein«-Events stattfinden durften, aber mein Kampfgeist war gebrochen. Die Auflage war,
die Events auf Zimmerlautstärke abzuhalten. Das war in etwa
so, als ob ein DJ ein Transistorradio bedienen darf und alle
Anwesenden dabei flüstern durften. Ein lächerliches Angebot
für eine solche Veranstaltung aus meiner Sicht. Es fühlte sich
für mich zu dieser Zeit nun so an, als hätte ich von Anfang
an mit meinem Gründungsvorhaben mit einem kleinen Segel-
boot den Atlantik überqueren wollen. Die Stürme der letzten
Monate hatten durch ihren Wellengang bereits einige Lecks
am Schiffskörper hinterlassen, aber jeder Versuch, diese zu
flicken, wurde durch die haushohen Wellen, die um mich he-
rumtobten, vereitelt. Das Wasser begann jetzt, ungehindert
unter Deck zu dringen. Ich wusste nun, dass ich mit diesem
Schiff untergehen würde.

Dem Ende nah

Das Ende meines Traums vom eigenen Laden näherte sich
also so unaufhaltsam wie die apokalyptischen Reiter. Es gab
keinen Ausweg mehr für mich. Kein Hintertürchen. Keinen Schrank, unter dem ich mich verstecken konnte. Meine

schlimmsten Befürchtungen wurden Realität und legten sich wie ein riesiger Mantel des Versagens über mich, unter dem ich mich wie begraben fühlte. Ich war darunter jedoch leider nicht tot, sondern nur gefangen. Und das, wie ich befürchtete, für den Rest meines Lebens. Denn wenn ich hier scheiterte, woher sollte ich jemals wieder die Kraft nehmen, irgendetwas Eigenes auf die Beine zu stellen?

Irgendwann kurz nach dem Verbot meiner Veranstaltungen erhielt ich mit der Jahresendabrechnung meines Energieversorgers die Aufforderung zu einer satten Stromnachzahlung. Ich hatte bis dato einen Abschlag gezahlt, der mir damals vom Vormieter als Richtlinie vorgegeben wurde. Offensichtlich war mein tatsächlicher Verbrauch höher als der vorangegangene Wert, sodass ich nun um die 1.000 Euro für die vorausgegangenen acht Monate nachzahlen musste. Ein enormer Batzen auch für die Zukunft. Ich müsste also monatlich mindestens 125 Euro mehr an Fixkosten für den Strom einkalkulieren. Und das, wo ich noch nicht mal die Gasabrechnung vorliegen hatte, die bei meinem derzeitigen Glück vermutlich auch nicht niedriger, sondern höher ausfallen würde. Wie sollte ich diese zusätzlichen Kosten also stemmen können? Und woher sollte ich jetzt so plötzlich 1.000 Euro für die Nachzahlung nehmen? Mein instabiles Kartenhaus aus nicht vorhandenen Rücklagen drohte einzustürzen. Ich war am Ende meiner Kräfte und wusste, dass diese Stromrechnung mein endgültiges Aus bedeuten konnte.

Ich konnte und wollte mir diesen Zustand jetzt auch nicht mehr schönreden. »So, Martina«, sagte der Diktator in meinem Kopf. »Du hast es mal wieder allen bewiesen. Du bist einfach nur ein erbärmlicher Loser. Hast du denn allen Ernstes geglaubt, dass du das Zeug hast, erfolgreich zu sein? Wie bescheuert bist du eigentlich? Mal ganz ehrlich, du hast es nicht anders verdient. Du hast dich nicht nur übernommen. Hast dich einfach mal total überschätzt. Größenwahnsinnig bist du. Das geschieht dir recht! Jetzt sieh zu, dass du da auch alleine rauskommst. Bluten sollst du!«

Diese Gedanken schossen mir wie eine Maschinengewehrsalve durch den Kopf. Die Stimme meines inneren Diktators hatte mich schon mein Leben lang begleitet, doch nie war sie so penetrant wie jetzt gewesen. So als hätte ich an Aladins Wunderlampe gerieben und diesen bösen Geist aus seiner Flasche befreit. Urplötzlich schwebte er riesig über mir und schien es zu genießen, mich herunterzumachen. Er war so mächtig und laut, da brauchte ich gar nicht erst versuchen, mir die Ohren zuzuhalten. Er war da. In meinem Kopf. Wie ein Tumor.

Jedoch war ich nicht sofort in der Lage, einen klaren Schlussstrich mit all seinen Konsequenzen zu ziehen. Hierzu musste ich mich erst mit meinem Coach Stefan, meiner Familie und Freunden in Ruhe beraten. Ich war zwar schon an dem Punkt angelangt, an dem ich wusste, dass es vermutlich generell nicht mehr lange gut geht. Nur wusste ich noch nicht, wie viel Zeit mir noch bis zum endgültigen Aus blieb.

Ich ging alle Möglichkeiten durch, die mir blieben. Und das waren nicht viele. Ich hatte immer noch die magische Einjahresgrenze im Hinterkopf, die es zu erreichen galt, um überhaupt eine verlässliche Prognose über die weitere Zukunft des Ladens abgeben zu können. Aber da ich emotional und finanziell zu ertrinken drohte, war ich mir dessen bewusst, dass ich mir auch nicht allzu viel Zeit damit lassen durfte, das Für und Wider abzuwägen. Mit viel Glück und Rumfragen hätte vielleicht die Möglichkeit bestanden, mir entweder das Geld für die Stromnachzahlung zu leihen oder aber den Betrag in Raten abzuzahlen. Wobei die letzte Möglichkeit auch nicht die Beste war, da ich auch bald der Bank meinen Kredit abstottern musste. Meine Fixkosten würden sich also neben den eh schon gestiegenen Stromkosten noch weiter erhöhen, was wiederum den Umsatzdruck weiter steigen ließ. Zudem konnte ich auch nicht sicher absehen, ob ich in den nächsten Monaten wirklich höhere Umsätze einfahren würde. Da mir die Veranstaltungen nun untersagt waren, wäre ich komplett vom alleinigen Besucheraufkommen meiner Gäste abhängig. Das war mir insgesamt zu unsicher. Die bisherige Umsatzentwicklung in meinem Laden war zwar in den letzten Monaten etwas steigend gewesen. Ob das jedoch ausreichte, um mich über Wasser zu halten, wagte ich zu bezweifeln.

Mir weitere Gelder privat zu leihen, würde auch meinen Schuldenberg weiterwachsen lassen. Irgendwann musste ich ja auch beginnen, diesen Berg abzutragen. Nur, wie und wann sollte das möglich sein, wenn er immer schneller immer höher wuchs? Mir war relativ schnell klar, dass ich keine weiteren Gelder aufnehmen wollte. Wofür auch? Um ehrlich zu sein, spürte ich nämlich nur noch Frust, wenn es um den Laden ging. Bis auf ein paar wenige Highlights hatte mir der Laden derart die Energie ausgesaugt, dass ein Vampir blass vor Neid geworden wäre. Manchmal fragte ich mich, ob ich aufgrund mangelnder Selbstliebe dazu veranlagt war, mich derart aufzuopfern? Oder vielmehr noch, warum es mir jetzt so schwerfiel, die Notbremse zu ziehen und auszusteigen?

Als ich nach einigem Abwägen klar erkannte, dass das Frollein Palisander nicht mehr zu retten war, setzte ich mich innerlich mit den Konsequenzen auseinander. Was genau würde es bedeuten, wenn ich aussteigen wollte? Ich erinnerte mich, dass die Hausverwaltung im Mietvertrag, aufgrund der Erfahrungen mit den gescheiterten Vormietern, eine Klausel eingeführt hatte, die es mir ermöglichte, zum Ende des ersten Geschäftsjahres vor Ende der vereinbarten Mietdauer von mehreren Jahren zu kündigen. Diese Klausel diente sowohl zu meinem als auch zu deren Schutz, da sie vermutlich schon erfolglos versucht hatten, offene Mietbeträge von Mietern einzufordern, die später Insolvenz anmelden mussten. Für mich hieße das, anhand meiner betriebswirtschaftlichen Auswertungen nachzuweisen, dass die Umsätze nicht (mehr) ausreichen, um die Miete weiterhin bezahlen zu können. Auch könnte ich Ihnen meine Schulden bzw. Darlehensverträge offenlegen. Alles kein Problem. Meine Zahlen waren röter als rot. Zum Glück hatte ich vom ersten Monat an meine Abrechnungen von einem professionellen Steuerbüro erstellen lassen. Ich hatte also alles zur Hand. Das würde also bedeuten, der Hausverwaltung Bescheid zu geben und einzuräumen, dass ich zahlungsunfähig bin. Dann müsste ich noch alle möglichen Abmeldungen bei Energieversorgern, Ämtern vornehmen und, oh Horror, das Jobcenter informieren. Das wäre dann also das offizielle Eingeständnis meines Scheiterns. Wenn ich diesen Schritt gegangen wäre, gäbe es kein Zurück mehr. Mein erster Impuls war: *Ich muss weg! Und das ganz dringend! Ich halte das hier nicht mehr aus! Beam me up, Scotty! Oder besser, TUI, flieg mich in die Sonne ganz weit weg von diesem Schlamassel!*

Bevor ich mich nach all diesen Erkenntnissen und Möglichkeiten nämlich zu einer Entscheidung durchringen konnte, brauchte ich erst einmal Abstand von der ganzen Situation. Ich hatte das Gefühl, dass, auch wenn ich schon grob wusste, wohin die Reise gehen würde, ich nicht klar denken konnte. All diese Informationen schwirrten wie ein Wust an Möglichkeiten in meinem Kopf herum, und ich wusste nicht, wo ich anfangen sollte. Ich hielt es für eine gute Idee, ein paar Tage wegzufahren, den Laden zu schließen und mich und meine Gedanken zu sortieren.

Ich checkte sofort im Netz die Möglichkeiten. Ein Wellnesswochenende an der Ostsee wäre zu dieser Zeit erschwinglich. Aber wer will bei drei Grad und einem Trümmerfeld von Leben an die scheißkalte, depressive Ostsee? Das ist weder weit genug weg noch wirklich erholsam. Also Mallorca. Da war ich noch nie gewesen und hatte auch nie hingewollt. Aber sagen nicht immer alle, dass man da so billig hinkommt und es ja wirklich so schön ist? Für 250 Euro konnte man vier Tage entfliehen. Bei 10 Grad. Auf einer Insel, wo um diese Jahreszeit der Hund begraben ist. Verdammt, ich wollte doch einfach nur weg, in der Sonne liegen und für fünf Tage so tun, als ob es diesen ganzen Mist in Berlin nicht gäbe. War das denn so schwer?

Ja! Wer kein Geld hat, der kann sich auch nicht den Luxus leisten, zu fliehen. Also blieb ich, und der Mantel des Gefangenseins umhüllte mich immer enger. Darunter rang ich nach Luft. Ich musste doch etwas tun können, was mir in irgendeiner Form das Gefühl von Erleichterung, Flucht oder Ausbruch verschaffte!

Ich ging zum Tätowierer. Hätte ich das Geld für die zukünftige Schuldentilgung zurücklegen sollen? Mag sein, dass manche Menschen sich jetzt innerlich zum Richter über mich erheben möchten. Dieser minimale Betrag hätte den Braten aus meiner Sicht auch nicht fett gemacht. Und mich erst recht nicht davor bewahrt, den Laden aufgeben zu müssen. Ich hatte seit fast einem Jahr nicht mehr als einen Tag in der Woche, wenn überhaupt, freigehabt, mir so gut wie nichts gegönnt und immer am Existenzminimum gekämpft. Ich stand an einem der schwierigsten Entscheidungspunkte in meinem Leben. Da sollte es mir doch bitteschön auch vergönnt sein, dass ich da auch mal an mich denke. Das war dann eben meine Art, zu rebellieren.

Bislang waren mein Rücken und die Wade mit Tattoos verziert. Doch nun wollte ich der Welt zeigen, dass ich mich nicht unterkriegen lasse. Weder von Stromnachzahlungen noch von den Stimmen, die mir sagen: »Wie kann man sich überhaupt nur tätowieren lassen? Und lass bloß deine Arme frei, sonst kriegst du nie wieder einen anständigen Job.« Und schwupps war mir klar: *Selbst, wenn ich den Karren hier gegen die Wand fahr: einen »anständigen Job« will ich in diesem Leben niemals machen.* Was war das überhaupt – ein anständiger Job? War ich mit meiner Kneipe etwa keine anständig arbeitende Bürgerin? Selbst wenn ich wie meine Vorgängerin die Gardinen zugezogen und oben ohne bedient hätte … hätte ich dann nicht immer noch alles dafür getan, um meine Existenz zu sichern und ein normales Leben führen zu können? Wer bestimmte denn eigentlich darüber, was koscher war und was nicht? Und wer plädierte eigentlich immer noch dafür, dass man mit einer Festanstellung den vermeintlichen Jackpot gewonnen hatte? Ich kannte genügend Bekannte, die so wie ich damals noch immer in der Generation Praktikum feststeckten, weil sie keine Festanstellung fanden. Und wenn sie eine hatten, waren diese oft durch Zeitverträge begrenzt oder schlecht bezahlt. Das allgegenwärtige Prekariat offenbarte sich für mich in nahezu allen Beschäftigungsverhältnissen.

Ich gönnte mir beim Tätowierer drei hübsche Sterne auf dem hinteren Unterarm. Ich war zwar nicht wie gewünscht in die Sonne geflogen, aber dem Himmel gefühlt ein Stück nähergekommen. Vielleicht müsste ich in Zukunft ja nur wie Sterntaler meine Schürze aufhalten und es regnete Goldstücke auf mich? Das Tätowieren half mir auch nicht wirklich, wieder einen klaren Kopf zu kriegen. Aber es lenkte mich immerhin für ein paar Stunden von den Alltagssorgen ab und hat eine schöne und bleibende Erinnerung an diese schwere Zeit hinterlassen. Ende Februar war alles wie zuvor. Die Stimmung war weiterhin wie das Wetter. Beschissen.

Das einzige Highlight, das der Februar für mich und meine Gäste im Laden zu bieten hatte, war der Karneval. Dessen bewusst, dass Berlin nicht gerade die Hochburg der karnevalistischen Narretei ist, wurde aus einer Schnapsidee einer der wenigen Abende, die mir positiv in Erinnerung geblieben sind. Dass ich – wie viele meiner Gäste – ursprünglich aus dem Rheinland stamme, war bei vielen unserer Gespräche immer wieder Thema. Wir plauderten über unsere Erfahrungen als »Immis« in Berlin. »Immis« nennt man in Köln das Pendant zu den Berliner »Zujereisten«. Also diejenigen, die ursprünglich nicht aus dem Ort stammen, sondern zugezogen sind. Wir Immis waren uns sehr schnell darüber einig, dass man in Berlin natürlich keinen richtigen Karneval feiern könne. Der Rosenmontag, der heilige Feiertag des Karnevals, ist vielen Berlinern ein Fremdwort. Auch, dass man in Berlin nicht weiß, dass man »Berliner« an Karneval isst und nicht wie hier zu Silvester. Selbst karnevalistische Schlachtrufe wie »Alaaf« oder das vom Kölner liebevoll verachtete »Helau« aus Düsseldorf gibt es hier nicht. Karneval und Berlin gehören einfach nicht zusammen. Auf einer Faschingssitzung in einem Berliner Edelhotel habe ich einmal sogar den Ruf »Hejo« vernommen. Das werde ich nie vergessen. Als Rock-'n'-Roll-Mädchen dachte ich doch allen Ernstes zunächst, damit wäre das »Hey! Ho!« der Ramones gemeint. Aber nein, das »Hejo« sollte eine Berliner Abwandlung von Helau sein. Das weiß ich, weil ich es mir in meiner Fassungslosigkeit tatsächlich von einer Teilnehmerin habe erklären lassen. Zudem fehlte auf dieser seltsamen Sitzung das wichtigste Element: das Funkenmariechen. Liebe Berliner, wisst ihr denn nicht, dass Karneval ohne Funkenmariechen ist wie Paris ohne den Eiffelturm?!

Wir waren uns also einig, dass wir als echte rheinische Frohnaturen die Chance nutzen wollten, den Berlinern mal zu zeigen, wie »richtiger« Karneval funktioniert. Treibende Kraft hierbei war im Übrigen mein Exfreund Mike. Er hatte den Karneval ebenso wie ich mit der Muttermilch eingesogen. Meinen Vorschlag, im Frollein Palisander mit Humbtatätärää und lecker Kölsch eine Runde mit anderen Narren zu schunkeln, nahm er sehr ernst. Er wusste, wir waren in der

Verantwortung, unsere Stadt »Kölle am Rhing« authentisch zu repräsentieren. Dementsprechend gewissenhaft nahm er sich der Sache an und kontaktierte direkt seine Schwester, die ihm per Kurier das von ihr selbst gebastelte Kostüm schickte. Derweil bestellte ich bei meinem Getränkehändler das flüssige Gold für den anstehenden Abend. Was war ich erleichtert, dass auch in Berlin das »gute Kölsch«, nämlich Reissdorf vom Fass, erhältlich war. Ich hätte mich zwar auch mit Küppers oder Früh zufriedengegeben, aber für einen Rheinländer ist es eine Frage der Ehre, welches Kölsch er seinen Gästen vorsetzt. Die beiden wichtigsten Punkte, Kostümierung und Bier, waren demnach schon einmal abgearbeitet. Stand als letzter wichtiger Organisationspunkt eigentlich nur noch die adäquate Beschallung auf der Liste. Glücklicherweise war ich trotz der Tatsache, schon lange nicht mehr in Köln zu leben, doch immer schon auch eine Nostalgikerin gewesen. Ich konnte somit aus meinem eigenen Fundus ein Potpourri an zerkratzten Karnevals-CDs auswählen und eine Art Best-of-Playlist erstellen.

Der große Abend war da und wie versprochen kamen »Allemann«. Ich glaube, wir waren insgesamt zwar nur zehn Personen. Aber da mein Laden ja eh nicht lief, bestand auch nicht die Gefahr, dass wir andere Gäste mit unserer Party verschreckten. Es war wie eine geschlossene Gesellschaft mit dem Vorteil, nicht ankündigen zu müssen, dass man unter sich sein wollte. Der einzige Vorteil eines schlecht laufenden Ladens.

Wir waren alle selbstverständlich dem Anlass entsprechend verkleidet, wie sich dat jehört!

Den Vogel aber schoss Mike ab. Ich werde nie vergessen, wie er als Krokodil verkleidet mit einem großen Kopf aus Pappmaché zur Tür hereintrat. Ich war unglaublich gerührt. Das können nur Menschen nachvollziehen, die aus dem Rheinland stammen. »Ich habe mich auf dem Weg hierher schon ein bisschen beobachtet gefühlt«, begrüßte er uns lachend. »Aber ich bin bestimmt nicht weiter aufgefallen. In Berlin rennen ja eh so viele Verrückte rum. Da ist ein Krokodil nichts Aufsehenerregendes mehr.«

Abgesehen von der Tatsache, dass Mike mit seinem überdimensionalen Krokodilskopf bei unserer Karnevalsfeier diverse Biergläser umwarf und mehrere Gäste unbeabsichtigt im Gespräch durch seine Kopfbewegungen ohrfeigte, war das wirklich einer der schönsten Abende, den ich dort im Laden verlebt habe. Wir sangen, schunkelten und tranken. Und als Highlight gab es sogar eine Polonaise. Aus unserer Sicht haben wir Berlin damit gezeigt, wie man Karneval richtig feiert. Wenngleich auch nur wir selbst und sonst niemand davon Notiz genommen hat.

Doch auch dieser großartige Abend ließ das drohende Schwert, das über mir hing und eine Entscheidung forderte, nicht verschwinden.

Ich war jetzt noch stärker hin- und hergerissen.

Die letzten Wochen des Abwägens waren für mich unerträglich und fast schon ungewöhnlich lang gewesen. Während manche Menschen jahrzehntelang in schlechten Arbeitsverhältnissen oder Beziehungen verharren und sich nicht für eine Lösung ihres Problems entscheiden können, waren es bei mir gerade mal vier Wochen an Unbestimmtheit. Denn erst durch das Verbot meiner Veranstaltungen sowie die Stromrechnung war die Lage derart bedrohlich geworden, dass ich um eine Entscheidung nicht umhinkam. Das vorausgegangene Dreivierteljahr im Laden war zwar schwierig, aber nicht so apokalyptisch gewesen, dass es aus meiner damaligen Sicht einer früheren Entscheidung bedurfte. Ich brauchte also Klarheit in dieser Situation. Und zwar schnell. Selbst wenn manche Entscheidungen mal ein paar Wochen in Anspruch genommen hatten – ich hatte es bis zu diesem Zeitpunkt immer geschafft, selbst eine Entscheidung zu treffen. Das war und ist ein grundlegender Herzenswunsch meiner Seele, nämlich der nach Selbstbestimmtheit. Sogar wenn ich von außen in eine Situation gedrängt wurde, die mir ganz und gar nicht gefiel, mochte ich immer noch selbst meinen Teil zum Ausgang beitragen können. Das mag vielleicht paradox klingen, weil ich ja letztlich auch diese Entscheidung dann nicht freiwillig traf. Aber wenn mir eines wichtig war, dann, dass ich selbst aktiv am weiteren Geschehen beteiligt sein wollte. Den Boxkampf um das Frollein Palisander wollte und konnte ich jetzt einfach nicht weiterkämpfen. Ich hatte absolut keine Kraft mehr für eine weitere, aussichtslose Runde gegen einen Gegner, der nicht zu besiegen war. Bevor ich also weiter windelweich geprügelt werden und den Kampf verlieren würde, wählte ich einen anderen Weg. Ich hielt inne und traf eine Entscheidung. Ich zog mir mitten im Ring die Boxhandschuhe aus und ging erhobenen Hauptes aus dem Ring. Für mich war der Kampf zwar offiziell verloren, aber ich hatte gewonnen. Ich hatte selbst entschieden, wann es an der Zeit war, zu verlieren. Ich hätte es nicht ertragen, wenn ich k.o. gegangen wäre oder jemand das weiße Handtuch für mich hätte werfen müssen. Auch wenn ich keine Chance mehr hatte, wollte ich immer noch selbst bestimmen, wann und wie es mit mir und dem Laden zu Ende ging.

Da stand ich nun also mit all meinen Schulden und Rechnungen. Ich hatte den Kampf verloren und kam mir vor wie der letzte Vollidiot. Immerhin hatte ich durch meine Entscheidung ein letztes Stück Selbstachtung bewahrt. Ich war sicherlich von Beginn an bei der Planung meines Vorhabens mit einer sehr großen Portion Optimismus gestartet. Ich hatte an den Traum vom kleinen Berliner-Start-up, das durch die Decke geht, geglaubt. Doch trotz vorbildlicher Rechnerei mit Wareneinsätzen und Liquiditätsplänen und der Hilfe eines Businesscoachs holte mich nun die Realität ein. Ich hatte es nicht geschafft. Mein Traum war zerplatzt. Jetzt musste ich nur noch herausfinden, wo ich beginnen sollte, meine getroffene Entscheidung in die Tat umzusetzen. Wem sollte ich zuerst die »frohe Botschaft« verkünden? Der Hausverwaltung? Dem Energieversorger? Oder meiner Bank? Die Entscheidung fiel als Erstes anhand eines einfachen Kriteriums auf das Energieunternehmen. Ich hatte bereits eine Mahnung erhalten, somit war diese Forderung die dringlichste. Und zugleich auch die einschneidendste. Wenn ich diesen Betrag nicht begleichen konnte, war es bald zappenduster im Laden. Ohne Strom keine Kühlung, keine Kaffeemaschine, kein Licht. Da ich einsehen musste, dass ich nichts mehr hatte, was ich in den Laden reinbuttern konnte, entschied ich mich schweren Herzens für einen radikalen Schritt, nämlich für das bewusste Kappen der Energiezufuhr. Ich hatte keine andere Wahl. Ich war bis zu diesem Zeitpunkt noch nie in der Situation gewesen, dass eine Abschaltung im Raum gestanden hätte.

Der Laden und die dazugehörigen Negativerlebnisse veränderten etwas in mir. Ich begann, mich nicht mehr nur brav zu verhalten oder zu fügen. *Wie kannst du nur? Bist du denn vollkommen verrückt geworden? Für was hältst du dich?* So meldete sich mein innerer Diktator zu Wort – doch ich tat etwas, das auch seiner Sicht mehr als verwerflich und verachtungswürdig war. Auch wenn das sicherlich nicht für jedermann nachvollziehbar ist, war es für mich zum damaligen Zeitpunkt nicht nur die logische, sondern auch die einzige Konsequenz. Es ging einfach nicht mehr weiter.

Ich fand mich also mit der Tatsache ab, als totale Versagerin den Strom abgeschaltet zu bekommen, und reagierte ab diesem Zeitpunkt dann auch extra nicht auf die eintrudelnden Mahnungen der Energieunternehmen. Ganz bewusst öffnete ich die Briefe mit dem Wissen, dass jegliche Reaktion zu dem Zeitpunkt nichts an der Situation geändert hätte und wartete auf die nächste Mahnstufe. Parallel dazu wandte ich mich an die Hausverwaltung mit der Information, dass ich es finanziell nicht mehr schaffen würde, den Laden weiter zu betreiben, und reichte ihnen die hierzu nötigen betriebswirtschaftlichen Auswertungen ein. Die Hausverwaltung drückte Bedauern aus und die Aufhebung des Mietvertrags wurde zügig in die Wege geleitet. Irgendwann in dieser Zeit erhielt ich dann auch den »lang ersehnten« Brief des Stromversorgers. Nach mehreren Mahnungen sei es nun unumgänglich, mir den Strom abzustellen. Das Schreiben enthielt das genaue Datum und den Hinweis, dass ich dies ja noch verhindern könne, wenn ich mich melde. Man könne mir eventuell noch helfen. Wirklich?? Wie wollt ihr mir denn jetzt noch helfen?

Ich fühlte, wie innerlich ein klitzekleines Gefühl der Befreiung in mir aufstieg. Das Datum stand nun fest. Von da an wäre dann wirklich nichts mehr möglich für mich im Laden. Schicht im Schacht. Und das mit Ansage.

Über die Zeit danach konnte ich mir zu diesem Zeitpunkt noch keine konkreten Gedanken machen. Es war sehr unwirklich. Die Zukunft war so weit weg und nicht greifbar. Wie sollte ich auch in einer solchen Situation, in der mein Leben zusammenbrach, realistisch an das Morgen denken können? Ich steckte mittendrin im Todeskampf des Frollein Palisander. Ich würde mich natürlich um ein würdevolles Ende und eine schöne Beerdigung kümmern. Aber was kam dann in der Zeit der Trauerphase? Wie sollte es für mich weitergehen? Ich hatte das Gefühl, schon wieder vor derselben Grundsatzfrage zu stehen, mit der ich mich zum Coaching bei Stefan begeben hatte.

Es stand für mich außer Frage, dass ich meine Schulden abbezahlen und dafür hart arbeiten gehen musste. Es war klar für mich, dass ich jegliche Verbindlichkeit, die ich eingegangen war, sei es nun der Strom, das Bankdarlehen oder die privaten Gelder, ausnahmslos zurückzahlen wollte. Nur weil ich mir den Strom abbestellen ließ, hieß das ja nicht, dass ich meine Schulden nicht bezahlen wollte. Es hieß nur, dass ich sie JETZT nicht bezahlen konnte.

Ich versuchte, mich durch diese vielen offenen Fragen nicht um meinen Schlaf bringen zu lassen. Rom wurde auch nicht an einem Tag erbaut. Der Aufstieg würde mühsam werden. Aber ich wollte es schaffen. Und würde sicherlich bald auch auf einen Plan B kommen.

Letzte Atemzüge

Die Tage waren gezählt. Fast genau ein Jahr, nachdem ich den Laden renoviert hatte, organisierte ich nun seine Schließung. Jetzt hieß es nur wenige Tage durchhalten, um ein paar letzte Euros einzunehmen.

In diesem Zeitraum fiel auch die letzte Veranstaltung von »Rock that Frollein« mit einer amerikanischen Indie-Band. Im Gegensatz zu Deutschland war sie in den USA eine richtig große Nummer. Wir hatten den Termin wegen der Tourter-mine der Band auf Ostern legen müssen. Trotz Ankündigung kamen leider nur eine Handvoll Leute. Auch in Berlin waren die Zujereisten an solchen Festen nun mal bei ihren Familien irgendwo im Land verstreut. Das tat mir wahnsinnig leid für den Sänger der Band. Er legte großartig auf und in mir stieg die Wehmut auf. Bald wäre alles vorbei. Keine Musiker mehr in meinem Laden. Keine netten Gäste, mit denen ich mich an der Theke unterhalten konnte. Keinen Ort mehr, an dem sich mittlerweile mein ganzes Leben abspielte. Es gab Momente, in denen ich nichts außer Leere in mir spürte. Als der Nach-bar an diesem letzten Abend erneut die Polizei rief, zuckte ich nur noch resigniert mit den Schultern und drehte die Musik leiser. Mir war es egal, dass ich nicht mehr viel einnahm an dem Abend. Mir war es egal, dass noch nicht einmal eine so großartige Band viele Menschen in meinen Laden locken konnte. Mir war einfach alles egal. Bald wäre ich da raus. Ich hatte alles mir Mögliche gegeben. Sollte dieser dämliche Nachbar doch anderen Leuten das Leben zur Hölle machen. Sollten potenzielle Gäste doch alle in die Nachbarläden ren-nen und sich in die Sonne setzen. Ich hatte die Schnauze einfach nur noch gestrichen voll. Und doch hielt ich durch bis zum letzten Tag.

Mit Peters Geburtstag, den dieser noch unbedingt bei mir feiern wollte, gab es eine Art Highlight zum Abschied. Wir wählten für seine Feier genau den Abend aus, bevor der Strom abgeschaltet wurde. Ich hatte mir überlegt, mit Peters Einverständnis parallel dazu auch eine kleine Abschiedsfeier für meine Freunde und Stammgäste zu geben. Ich hoffte, dass es dadurch nicht allzu emotional werden würde. Ein sang- und klangloser Abschied wäre mir zwar lieber gewesen. Denn ehrlich gesagt widerstrebte mir die Vorstellung sehr, als Versagerin im Mittelpunkt zu stehen und bemitleidet zu werden. Doch ich wollte all meinen lieben Freunden und Gästen, die mich in dem Jahr unterstützt hatten, danke sagen und riss mich zusammen.

Als der letzte Abend gekommen war, tischte ich nochmal alles auf, was das Frollein Palisander zu bieten hatte. Auf dem Tisch, auf dem sonst immer die Bergische Kaffeetafel serviert wurde, thronte das Buffet für den heutigen Abend. Ich backte einen tollen Kuchen und es gab natürlich auch wieder Birgits Bouletten. In einigen Punkten war vieles genauso wie ein Jahr zuvor zur Eröffnung. Doch im Gegensatz zu damals fehlten Birgit und andere wichtige Menschen. Wie Tim. Das war für mich ein Stich, der mitten ins Herz ging. Er wusste noch nicht einmal, dass ich den Laden jetzt schloss, da wir seit seiner Abreise einige Wochen zuvor keinen Kontakt mehr hatten. Er war jetzt eben einfach weg. Dafür waren jede Menge neuer Menschen durch den Laden in mein Leben getreten. Ich war erstaunt, wie andersartig sich die Runde nach einem Jahr zusammensetzte.

Der Laden selbst sah noch genauso aus, als könnte am nächsten Tag alles seinen üblichen Gang gehen. Das lag aber auch daran, dass ich meinen Gästen an dem Abend noch ein letztes Stück Gemütlichkeit bieten wollte. Am Wochenende nach der Stromabschaltung sollte ein Ausverkaufsflohmarkt stattfinden. So wollte ich die tollen Möbelstücke und Lampen schnell loswerden. Der Verkauf über das Internet hätte einfach zu lange gedauert, und ich hätte das Ganze auch noch einlagern müssen. Und auch wenn noch alles stand, hatte ich eine Sache schon abgeschraubt: mein handgemaltes Frollein-Palisander-Schild, das neben der Eingangstür die Gäste begrüßt hatte. Dieses hatte ich damals mit einer Logoschablone auf ein mit Gold besprühtes Holzbrett selbst gezeichnet. Ich drapierte das Schild auf der Buffettafel und hängte eine schwarze Schärpe darum wie bei einer Toten. Das war mein Ausdruck für das, was ich empfand. Das Frollein Palisander lag zwar im Sterben und tat seine letzten Atemzüge – für mich war es aber schon längst gestorben. Ich wollte den Laden durch das Schild mit Schärpe ehren und Abschied nehmen.

Allerdings sorgte diese Geste einige Stunden später fast für einen Eklat. Einer meiner Gäste sprach mich darauf an und sagte, es sei total daneben, dass ich mich über den Tod lustig mache. Es gebe Menschen, die hätten andere Menschen verloren und fänden das vielleicht total abwertend. Ich traute meinen Ohren kaum. Warf mir dieser Mensch hier tatsächlich vor, ich sei gefühllos? Wie gefühllos war so eine Aussage in diesem Augenblick mir gegenüber? *Ich war* das Frollein Palisander. Das war mein großer Traum gewesen. Mein Laden. Mein

Baby. Und da kam er daher und wollte mir erzählen, dass es quasi lächerlich sei, angesichts des »Tods« meines Ladens so zu empfinden? Ich drehte mich wortlos um und ließ ihn einfach stehen. Ich erfuhr später, dass er vor Kurzem jemanden verloren hatte und etwas dünnhäutig war.

Von diesem unschönen Erlebnis abgesehen, verlief der Abend den Umständen entsprechend gut. Peter und seine Gäste hielten sich etwas separiert im vorderen Teil des Ladens auf, während meine Gäste und ich im Sitzbereich verteilt waren. Bei allen Gästen wollte aber keine wirklich gute Stimmung aufkommen. Bettina machte viele Fotos, um auch die letzten Details des Ladens in Erinnerung zu behalten. Und wir setzten alles daran, die letzten Schnapsflaschen leer zu trinken. Insgesamt war ich sehr zufrieden darüber, dass der Abend nicht allzu emotional verlief bis auf einige wenige Momente. Hätte ich weinen müssen, wäre es mir irgendwie unangenehm gewesen. Auch wenn das sicherlich jeder meiner Gäste hätte nachvollziehen können. Ich hatte aber den ganzen Abend über den Eindruck, so gut wie gar nichts zu fühlen. So als wäre ich innerlich tot – genauso wie das Frollein Palisander. Bestimmt auch eine Form des Selbstschutzes.

Als die letzten Gäste gegangen waren, packte ich meine Geschenke und den allerletzten Umsatz ein und fiel zu Hause in einen tiefen Schlaf, der am liebsten niemals hätte enden sollen.

Herzstillstand

Von einem Augenblick auf den anderen hörte das Herz des Frollein Palisander dann auf zu schlagen. Die lebenserhaltenden Maßnahmen wurden eingestellt. Die Stromzufuhr vom Energiekonzern wie angekündigt gekappt. Die Thekenkühlvitrine, das pulsierende Herz des Ladens, verstummte nun für immer. Sie seufzte zum Schluss noch einmal leise auf, bevor sich das sonore Brummen in ein dröhnendes Nichts verwandelte. Das Frollein Palisander hatte nun seinen letzten Atemzug getan und konnte von mir offiziell für tot erklärt werden.

Da stand ich nun im leeren Laden und fühlte mich wie auf dem Schlachtfeld nach einem verlorenen Kampf. Eigentlich war ich gekommen, um den Laden übergabefertig zu machen. Aber ich spürte, dass es hier und heute nur um eines ging. Um mein Versagen. Der große Traum vom eigenen Café zerstört, die Beziehung kaputt und keinen Plan davon, wie mein Leben weitergehen sollte. Wieder wollte ich am liebsten nur weg! So schnell wie möglich raus aus diesem Laden, raus aus der Stadt. Am besten raus aus diesem ganzen beschissenen Leben. Nur wie und wohin? So ganz ohne Geld. Und schließlich gab es noch so viel zu erledigen, bevor ich den Laden übergeben konnte. Da konnte ich nicht so einfach mir nichts, dir nichts abhauen.

Ich war gefangen.

Ich stand eine gefühlte Ewigkeit wie erstarrt hinter dem Tresen. Meine Gedanken waren unkontrollierbar. In meinem Kopf raste ein einziges Karussell aus Fluchtimpulsen, Beruhigungsversuchen und einem emotionalen schwarzen Loch. Es war das Ende einer viel zu kurzen Ära. Das große Aus eines Traums. In diesem Moment starb auch ein Teil von mir.

Ich selbst konnte in diesem Augenblick jedoch gar nicht greifen, was genau gestorben war. War es die Hoffnung darauf, dass doch noch alles hätte gut enden können? Ein Stück meiner Lebensfreude, das mir der Laden genommen hatte? Oder gar mein unerschütterlicher Optimismus, mit dem ich damals an diesen großen Traum herangegangen bin? Ich spürte nur noch einen großen überflutenden Schmerz, verbunden mit einem Gefühl der Leere. So als ob man eine Ohrfeige bekommt und es erst mal noch eine Weile in den Ohren schallert. Man steht da und begreift es nicht. Und das, obwohl ich ja gewusst hatte, was passieren würde. Aber ich konnte einfach nicht begreifen, wieso gerade *mir* all das passiert war. Waren denn all meine Hoffnungen und Wünsche für den Laden total überzogen gewesen? War ich einfach nur unfähig und ein anderer hätte den Laden besser zum Laufen bekommen? Oder hätte ich ohne Rücklagen überhaupt erst gar keinen Laden eröffnen dürfen und war demnach selbst Schuld? Ich fand keine Antworten. Dieser Moment war der offizielle Beginn der größten Talfahrt meines Lebens.

Mit dem Herzstillstand des Frollein Palisander erteilte mir das Leben eine Lektion der besonderen Art. Hätte ich gewusst, wie lange diese Talfahrt anhalten würde, hätte ich mir sicherlich noch sofort im Laden die Kugel gegeben. Ein Gefühl des absoluten Kontrollverlusts übermannte mich.

Unverrichteter Dinge verließ ich den Laden und kam erst am nächsten Tag wieder, um mit dem Ausräumen zu beginnen. Ich war ja schon sehr häufig umgezogen und versuchte, auch diese Ladenräumung als einen normalen Umzug zu betrachten. Anders als bei der Renovierung wollte ich diese Schritte bewusst alleine vollziehen, um mich besser verabschieden zu können. Deshalb hatte ich mir dieses Mal auch keine Hilfe von Freunden erbeten. Man könnte es damit vergleichen, dass man die persönlichen Gegenstände seines verstorbenen Partners auch gerne in aller Ruhe aussortieren möchte, um sich ein letztes Mal den Erinnerungen hinzugeben. Es hätte mich wohl zu sehr angestrengt, wenn andere mich andauernd gefragt hätten, ob ich dies oder jenes behalten wolle. Ich hatte auf der Abschiedsparty bereits einigen Freunden kleinere Gegenstände geschenkt oder zur Abholung reserviert. Peter vermachte ich zum Dank für seine Unterstützung mein tolles Ledersofa. Die Tochter des Sängers der Cowboyband erhielt die Porzellan-Pferdchen, die mir mein Vater geschenkt hatte, weil sie bei einem Besuch so begeistert von ihnen gewesen war. Auf diese Weise fanden viele meiner geliebten Stücke neue Besitzer und ließen das Frollein Palisander ein Stück weit weiterleben. Die von meinem Vater gebaute tolle Eckbank steht nun auch seit vielen Jahren in einem Laden unweit des Frollein Palisander. Am Schluss entschied ich dann noch, was ich auf dem Ladenflohmarkt verkaufen und was ich selbst behalten wollte. Letzteres war nicht gerade viel. Alles hatte zwar einen emotionalen Wert für mich. Dennoch lag eine Patina des Versagens darüber. Ich entschied mich beispielsweise für eins meiner Lieblingswandbilder, auf dem ein Paar im gemeinsamen Zimmer im Altersheim zu sehen war. Das Bild hatte mir ein guter Bekannter zur Eröffnung geschenkt, und ich liebte das Bild, da es einerseits eine gewisse Einfachheit, aber gleichzeitig auch sehr viel Liebe und Wärme zwischen zwei Menschen im hohen Alter zeigte.

Der Flohmarkt am darauffolgenden Wochenende lief unglaublich gut. Ich hatte meinen Aufsteller wieder an die Ecke des Nachbarladens gestellt. Schließlich konnte es mir jetzt egal sein, ob Ladenbesitzer Frank das störte oder nicht. Und die Massen vom Boxi-Flohmarkt mussten ja irgendwie auf mich aufmerksam werden. Binnen weniger Stunden hatte ich fast alles verkauft. Das Geld konnte ich mehr als gut gebrauchen. Ich hatte ja noch einen riesigen Schuldenberg in den nächsten Jahren abzutragen. Weniger gebrauchen konnte ich die vielen Kommentare der Käufer. Warum ich den Laden denn schließe? Wie schade das sei. Oder, dass man mich schon wahrgenommen habe und immer mal vorbeikommen wollte. Ich nickte nur höflich und verkniff mir jeden genervten Kommentar.

Zum Wochenbeginn erfolgte die Ladenübergabe mit der Hausverwalterin. Auch sie drückte ihr Bedauern aus und wünschte mir alles Gute. Sie teilte mir auch mit, dass man den Laden eventuell nicht mehr an Gastronomen vermieten wolle. Nach den Lärmbeschwerden des Nachbarn sei ihnen das zu heikel geworden. Überdies hinaus war für sie die Tatsache, dass ich nun als zehnte Gastronomin gescheitert war, auch Anlass genug, das Konzept komplett zu überdenken. *Na, dann hat mein Scheitern ja immerhin bewirkt, dass nicht der Nächste in die Schuldenfalle tappt*, dachte ich nur.

Der Laden stand danach fast zwei Jahre leer, bis ein kleines Modestart-up mit zugehörigem Onlineshop einzog und seitdem den Laden angemietet hat. Die Entscheidung der Verwaltung war also genau richtig gewesen. Hätte man das nicht schon vor meinem Einzug entscheiden können? Dann wäre mir dieses Desaster vielleicht erspart geblieben.

Der Name Frollein Palisander prangte in der Zeit des Leerstands leider weiter oben auf dem Leuchtschild. Ich ärgerte mich oft darüber, wenn ich in der Ecke unterwegs war und meinen Namen immer noch dort lesen musste. Es fühlte sich für mich wie ein Dauerhinweis auf mein Scheitern an. Es hätte nur noch gefehlt, dass jemand das Schild noch zusätzlich mit Neonpfeilen bestückt, um sicherzugehen, dass es auch wirklich jedermann sehen konnte: »Seht her, in diesem Objekt hat das Frollein Palisander versucht, dem Damoklesschwert des Versagens zu entkommen und ist dadurch grandios baden gegangen!« Teilweise wurde ich sogar Jahre später noch in Gesprächsrunden auf das Schild angesprochen. »Ach, du warst die Inhaberin vom Frollein Palisander? Ich bin ja nie dort gewesen, aber ich habe immer den Namen auf dem Schild gelesen und mich gefragt, was das wohl vorher für ein Laden war. Sah ja von außen ganz nett aus. Warum lief es denn nicht? Kann ich gar nicht verstehen in der Ecke.«

Ich verabschiedete mich von der Hausverwalterin und blieb danach noch einen Moment vor dem Laden stehen, um eine Zigarette zu rauchen. Ich versuchte, all das zu realisieren, was in dem Moment aber natürlich völlig unmöglich war. Gerade als ich gehen wollte, sah ich, wie mehrere Leute aus dem Haus mit Umzugskisten kamen. Ich traute meinen Augen kaum. Es war der Nachbar mit seiner Familie. Ich sprach ihn verdutzt an, was die Kisten zu bedeuten hätten.

»Wir ziehen aus«, antwortete er, »wir haben endlich eine ruhigere Wohnung im Grünen gefunden.«

SCHIFFBRUCH

Unterwegs

Nach dem Herzstillstand fühlte ich mich wie ein Wanderer verloren im Nebel. Ich stand total neben mir und funktionierte nur noch auf Autopilot. Ich kaufte im Kiosk alltägliche Dinge ein und ernährte mich fast ausschließlich von McDonald's um die Ecke. Das Einzige, wofür ich noch Kraft fand, war, nach einem Sommerjob im Ausland zu suchen. Ich wollte erst mal einfach nur weg und den Abstand erhalten, den ich mir schon im Frühjahr bei der Entscheidung zur Ladenschließung ersehnt hatte. Ich konnte es nicht mehr ertragen, knapp einen Kilometer Luftlinie vom Ort meines Scheiterns entfernt leben zu müssen.

Im Juni waren die meisten Sommerjobs für das Ausland aber alle schon vergeben. Doch durch einen glücklichen Zufall wurde das schier Unmögliche möglich. Ein deutsches Urlaubscamp in einem französischen Surfhotspot suchte noch ein »Mädchen für alles«. Halleluja! Ein Vorstellungsgespräch in Hamburg später saß ich Anfang August im Bus nach Seignosse nahe Biarritz, um dort für knapp zwei Monate in einer Hippie-Villa direkt hinter den Dünen zu leben und zu jobben. Das war genau das, was ich jetzt brauchte. Zeit am Meer,

Weitblick, Freiheit und grandiose Sonnenuntergänge erwarteten mich. Ich hatte keine konkrete Idee davon, wie es für mich nach dem Surfcamp weitergehen sollte. Ich wusste aber, ich würde schon noch einen Weg finden, um an einen gut bezahlten Job zu gelangen und meine Schulden abbezahlen zu können. Ein Schritt nach dem anderen. Niemand würde, wenn sein Partner gestorben war, sechs Wochen später wieder eine neue Hochzeit planen können. Ich hatte gerade einmal zwei Wochen den Laden geschlossen und konnte mich nicht direkt an den Masterplan für das Abtragen meiner Schulden begeben. Erst einmal eine Weile raus, den Kopf klarkriegen, trauern und dann gestärkt zurück, um mit neuer Energie den Problemen begegnen zu können. Ich war deshalb froh, dass ich trotz meiner Verzweiflung überhaupt in der Lage gewesen war, mich für das Camp zu bewerben und den ersten wichtigen Schritt raus aus der Situation geschafft hatte.

Die Zeit im Camp war die schönste, die ich seit Langem erleben durfte. Noch nie zuvor war ich länger als eine Woche im Urlaub oder beruflich unterwegs gewesen. Das, was die meisten aus den Schulferien schon als Kinder kannten, hatte ich noch nie erlebt: einen »endless Summer«! Der Abstand half mir, eine ganz neue Sichtweise auf die Geschichte mit dem Frollein Palisander zu gewinnen. Von Verarbeitung konnte aber da noch keine Rede sein. Vielmehr begann ich, zu realisieren, was passiert war. Und das tat richtig weh. Da konnte es vorkommen, dass mir unvermittelt am Meer die Tränen kamen. Oder dass ich sehr dünnhäutig und empfindlich war. Als es einmal darum ging, das Wasser für die Nudeln am Abend aufzusetzen, versuchte ein Kollege, mir nur die Besonderheiten des mit einer Gasflasche angetriebenen Herdes zu erklären. Ich nahm es jedoch so wahr, als wollte er mir sagen, dass ich zu blöd zum Wasserkochen sei. Mein Selbstwertgefühl war dermaßen im Keller, dass ich aus jeder Aussage nur Kritik heraushörte. Das lag natürlich auch an meinem inneren Diktator, der mich auch im Paradies täglich daran erinnerte, dass ich ein absoluter Loser war.

Während andere Gäste fröhlich am Abend zusammensaßen, sehnte ich mich nach dem Alleinsein. Ich schlief in einem Wohnwagen neben dem Haupthaus und war froh darüber, wenigstens dort meine Ruhe zu haben. 24/7 mit 20 jungen Menschen zusammen zu sein, kann auf Dauer auch ganz schön anstrengend sein. Generell tat es mir aber gut, nicht allzu viel Zeit für meine trüben Gedanken zu haben. Die wenigen Wochen, die ich vor meiner Abreise allein in meiner Berliner Wohnung verbracht hatte, waren nämlich alles andere als ein Zuckerschlecken gewesen. Davor graute es mir auch sehr, als sich der Sommer dem Ende neigte und die Rückkehr anstand. Kurz dachte ich darüber nach, meinen Aufenthalt in einem anderen Camp in Marokko fortzusetzen. Doch ich wusste, dass ich schon lange genug weg gewesen war und mich jetzt meiner Zukunft stellen musste.

Zurück in der Hauptstadt stand ich dann wie erwartet vor einem Trümmerhaufen. Die Briefe hatten sich in meiner Abwesenheit gestapelt, und Kater Jimmy brauchte auch ein paar Tage, bis er nicht mehr beleidigt war. Ihn hatte ich in meiner Abwesenheit zu einer tollen Katzensitterin gegeben, während ich meine Wohnung untervermietet hatte, aber ich konnte nachvollziehen, dass er mir das ein bisschen nachtrug. Die Post hatte ich in meiner Abwesenheit von einer Freundin öffnen und mir die wichtigsten Infos mailen lassen. Was ich vom Ausland aus erledigen konnte, tat ich. Richtig viel zu tun oder zu beantworten gab es aber in der Zeit noch nicht. Meine Gläubiger waren ja gerade erst informiert worden über das Ende meines Ladens. Bis diejenigen reagierten, verging einige Zeit. Ich sammelte alle Infos und Briefe für meinen eigenen Aktenordner sowie meinen Steuerberater zusammen. Mit ihm zusammen verschaffte ich mir dann nach und nach einen Überblick über alle Schulden. So bekam ich beispielsweise die abschließende Verbrauchsabrechnung von der Hausverwaltung oder dem Energieversorger nicht am Tag der Ladenschließung, sondern erst Monate später. Zurück in »Good Old Germany« bedeutete für mich auch zurück beim Jobcenter. Ich hatte während meiner Abwesenheit keine Leistungen erhalten und stattdessen meine Wohnung untervermietet und konnte mit der ersparten Miete und einem Taschengeld vom Surfcamp in Frankreich ganz gut leben. Zurück im Jobcenter zu den obligatorischen Wiederaufnahmegesprächen war ich aufgrund der teils vorwurfsvollen Inhalte manchmal wirklich überfordert. Ich wusste, dass ich Schulden angehäuft hatte und nun schleunigst einen Job finden musste, um diese abzubezahlen. Diese Tatsache musste ich mir dort nicht nochmal wie von einem Oberlehrer vorbeten lassen. Hätte ich das nicht selbst so gesehen, wäre ich einfach in der Sonne geblieben und abgehauen und würde jetzt nicht hier sitzen. Ferner musste ich mir Sätze anhören wie: »Sehen Sie, das hätte ich Ihnen gleich sagen können, dass das mit dem eigenen Laden nichts wird. Ich verstehe auch nicht, wie wir bewilligen konnten, Sie zu unterstützen geschweige denn, warum Ihnen eine Bank einen Kredit gegeben hat. Aber jetzt sehen Sie ja, dass es besser sein wird, sich einen anständigen, sozialversicherungspflichtigen Job zu suchen.« Im Gegensatz zum damaligen Gespräch bei der Bank, bei dem ich meine Idee optimistisch verkaufen konnte, nickte ich jetzt nur noch gebeutelt. Ich war zwar nicht seiner Meinung, wollte aber jegliche Konfrontation vermeiden und verhielt mich musterschülerhaft. Ich versuchte, das alles an mir abprallen zu lassen, da ich finanziell wieder vom Jobcenter abhängig war. Aber tief im Inneren zogen mich diese Bemerkungen doch sehr runter. Wie konnte sich dieser Mensch, der mich überhaupt nicht kannte, erdreisten, solche Urteile über mich zu fällen? Weiterhelfen konnte er mir damit ganz sicher nicht.

Ich kramte tief in meinem Inneren und erinnerte mich an meinen »Plan B«. Das Arbeiten für Getränkefirmen im vertrieblichen Außendienst mit Schwerpunkt Gastronomie. Mir fiel eine Limonadenfirma wieder ein, mit deren Außendienstmitarbeiter ich mich gut verstanden hatte. Ich schickte ihm meine Bewerbung mit der Bitte um Weiterleitung. Leider erhielt ich die Info, dass man aktuell gut besetzt sei. Auch weitere Versuche, über meine anderen Kontakte an einen Job im Außendienst zu gelangen, verliefen ins Leere. Ich ließ mich nicht entmutigen und hoffte, dass sich mit der Zeit trotzdem etwas in dem Bereich ergeben würde. Parallel hierzu arbeitete ich intensiv mit meinem Jobcentersachbearbeiter zusammen an einer Lösung.

Er wies mich darauf hin, dass ich auch eine Weiterbildung finanziert bekommen könnte, da ich mit meinem breit gefächerten Studienabschluss und, aus seiner Sicht, auch ohne Berufserfahrung besser umsatteln sollte in einen handfesteren

Beruf mit Zukunft. Hierzu ging er dann davon aus, dass alles, wofür man eine Stellenanzeige finden konnte, ein guter Beruf sei. Eine recht einfache Denkweise, wie ich fand. Ich hatte mir doch einen guten Studienabschluss erarbeitet, bereits einiges an Berufserfahrung erlangt und wollte meine Schulden abarbeiten. Wozu wieder bei null anfangen? Und das gerade jetzt, wo ich dringend Geld verdienen musste. Während ich den vermeintlich guten Ratschlag des Sachbearbeiters sacken ließ, hatte ich nach der Ladenschließung bereits parallel über meinen Coach Stefan Kontakt zu einem Insolvenzmediator aufgenommen, der gleichzeitig auch Steuerberater war. Ich konnte leider nicht auf mein bisheriges Steuerbüro zurückgreifen, da sie auf diesem Gebiet, nämlich Insolvenz und deren Vermeidung, nicht spezialisiert waren. Ich fand also Herrn Müller und war froh, endlich einen Fachkundigen an meiner Seite zu haben, der mir im Kampf gegen den Schuldenberg helfen würde. Ich hatte bis dato immer alle eintrudelnden Rechnungen selbst bearbeitet und die Gläubiger darüber informiert, dass ich den Laden aufgegeben habe und um Ratenzahlungen oder Aufschub gebeten. Da aber nicht jeder Gläubiger mir entgegenkommen wollte, folgten Monate später auch Mahnungen. Ich wusste damals nicht, dass man von Anfang an aufgrund der Situation hätte versuchen können, Vergleiche abzuschließen. Sprich, man wäre direkt an den Energieversorger gegangen, hätte gesagt: »So, ich habe den Laden aufgegeben, habe absolut kein Geld mehr, möchte dir aber gerne etwas zurückzahlen. Statt 1.000 Euro bekommst du aber nur 500 Euro. Und wenn du die nicht nimmst, kann ich dir die Zahlung nicht garantieren, da ich schlimmstenfalls Insolvenz anmelden muss. Und dann bekommst du gar nichts.« Das ist jetzt natürlich etwas überspitzt formuliert. Aber so hätte ich es womöglich von Anfang an direkt selbst machen sollen. Hierzu fehlte mir aber die Expertise, die nur Steuerberater und Experten haben, die sich intensiv mit diesen Themen befassen. Herr Müller empfand die Umschulungsmaßnahme ebenso wie ich als nicht optimal im Rahmen der Tilgung, doch als ich weiterhin nur Absagen auf meine Bewerbungen erhielt, erschien mir das Angebot nicht mehr so unattraktiv. In meiner Verzweiflung glaubte ich immer mehr an das, was mir das Jobcenter geraten hatte, und freundete mich damit an, mich beruflich umzuorientieren. Ich hatte aber dieses Mal hierzu nicht die Möglichkeit, dies mit einem Coach zu erarbeiten, sondern musste mir alleine binnen weniger Wochen eine geeignete Maßnahme aus dem Katalog geförderter Weiterbildungen heraussuchen. Um nachher nicht irgendetwas machen zu müssen, das mir überhaupt nicht zusagt, kramte ich tief in der Kiste meiner bisherigen Joberfahrungen auf der Suche nach etwas Neuem. Mir fiel ein, dass ich schon bei meinen Filmjobs während des Studiums immer fasziniert neben den Maskenbildnern gestanden und ihnen auf die Finger geschaut hatte. Da ich mich auch selbst gerne schminkte und kreativ veranlagt war, schien mir eine dreimonatige Weiterbildung zum Make-up-Artist als geeignet. Etwas vollkommen anderes also. Und ein relativ freier, aber gleichzeitig konkreter Beruf in der Filmszene. Natürlich gab es auch Schminkjobs für Beautymarken in Parfümerien oder großen Kaufhäusern. Aber wenn, dann wollte ich zurück zum Werbefilm, da ich mich in dem Metier auskannte und noch in Erinnerung hatte, dass dort die Tagesgagen für Make-up-Artists teilweise zwischen 300 und 500 Euro lagen. Ein lukrativer Job also. Zwar nicht die Festanstellung, die ich brauchte, aber die Möglichkeit auf gutes Geld, wenn ich es richtig anstellte. Dafür brauchte es jedoch einiges an Überzeugungsarbeit beim Jobcenter. Für den Make-up-Artist gab es nämlich genau so wenig offizielle Stellenangebote wie für mich als Diplom-Sozialwirtin. Ich konnte und wollte mich aber einfach nicht vom Jobcenter an die Wursttheke eines Supermarktes verfrachten lassen, nur weil gerade händeringend Metzger gesucht wurden. Die Mitarbeiter des Jobcenters konnten nicht so ganz nachvollziehen, wie ich auf einmal auf dieses Berufsfeld gekommen war. Aber glücklicherweise konnte ich hier bisherige Berufserfahrungen beim Film angeben, und es mussten scheinbar zum Jahresende noch schnell die Geldtöpfe geleert werden, was mir die Bewilligung dann wie durch Zauberhand ermöglichte. Rückblickend betrachtet, mag mein Handeln vielleicht widersprüchlich erscheinen. Aber wenn man wie ich an einem Punkt angelangt war, an dem ich so verzweifelt darum kämpfte, einen Job zu kriegen, um meine Schulden abzubezahlen, und es einfach nicht klappen wollte – dann greift man eben nach jedem Strohhalm, der einem Hoffnung für eine bessere Zukunft verspricht.

Pünktlich zum neuen Jahr ging es dann los. Ich sollte von nun an drei Monate täglich in die Schminkschule gehen. Dort stellte ich ernüchtert fest, dass ich mich nicht in einer kreativen Künstlerelite von Maskenbildnern, sondern vielmehr in einem Sammelbecken von Frauen befand, die keine Ahnung hatten, warum sie eigentlich diesen Kurs machten. Die Personifizierung der kruden Zusammenstellung der Teilnehmerinnen war eine diplomierte Physikerin aus dem Nahen Osten, die mir erzählte, dass ihr Jobvermittler ihr trotz des hohen Bildungsabschlusses nahegelegt hatte, diese Form der Weiterbildung hier zu machen, da er für sie als Ausländerin sonst keine Chancen auf dem Arbeitsmarkt sehe. Sie durfte immerhin noch selbst zwischen einer Maßnahme zur Fußpflegerin und zum Make-up-Artist entscheiden. Ähnlich erging es hier vielen außer mir. Ich war offenbar die Einzige, die sich diese Weiterbildung selbst aufgrund wirklicher Interessen ausgesucht hatte. Ich arrangierte mich mit den Umständen und fokussierte mich auf mein Ziel vor Augen. In absehbarer Zeit könnte ich also mit einem Zertifikat als Make-up-Artist wieder beim Film arbeiten und endlich anfangen, meine Schulden loszuwerden.

Nach einigen Wochen erhielt ich einen Anruf von der Limonadenfirma mit der Info, dass man mir nun einen Job im Außendienst anbieten könne. Ob ich denn noch wolle? So sehr ich das Schminken auch mochte, war ein gut bezahlter Job mit Firmenwagen natürlich die bessere Option für mich. Vor allem angesichts der Schulden, die ich zu tilgen hatte. Ich hielt aufgrund des Drucks von außen lieber den Spatz in der Hand, statt nach der Taube auf dem Dach zu greifen. Als die Einladung zum Vorstellungsgespräch eintrudelte, zögerte ich daher keine Sekunde.

Drei Tage später hatte ich die Zusage und konnte binnen zwei Wochen anfangen, zu arbeiten. Was für ein Erfolgserlebnis. Mein erster gut bezahlter Job nach dem Studium seit dem Job in der Werbeagentur. Ich war extrem erleichtert.

Zum Glück konnte ich noch an der Zwischenprüfung teilnehmen, was mir immerhin den Titel »Visagist« einbrachte. Das war zwar nur die Vorstufe zum Make-up-Artist-Zertifikat, aber immerhin war die Maßnahme dann für mich nicht ganz umsonst. Was man hat, das hat man.

Mein neuer Job im Außendienst war wirklich aufregend. Ich wurde zunächst mehrere Wochen lang in ganz Deutschland von Kollegen eingearbeitet. Das verschaffte mir einen tollen Einstieg in die Materie, und ich konnte mir einige Tipps und Tricks abschauen. Zudem kam ich endlich mal wieder raus aus Berlin und tankte Zuversicht.

Als ich dann alleine in Berlin unterwegs war, war ich von Tag 1 an total drin. Ich konnte mich mit dem Produkt identifizieren und freute mich, spannende Läden zu betreuen. Die Bezahlung war gut, die Arbeit machte mir Spaß, und ich konnte die ersten Rückzahlungsraten meines Bankkredits bezahlen. Um alle weiteren Gläubiger kümmerte sich derweil Herr Müller. Er hatte bereits begonnen, Vergleiche zu verhandeln. Das zog sich aber über Monate hin, da wiederum Gegenangebote kamen, die er zu prüfen hatte. Generell war dabei sehr vorteilhaft, dass ich jetzt einen Job in Festanstellung hatte, was die Chancen auf gute Vergleiche erhöhte. Auch hier gilt das ungeschriebene Gesetz, dass man natürlich als solventer angesehen wird, wenn man in einem Anstellungsvertrag ist und die Aussicht auf Rückzahlung dementsprechend größer ist als bei Hartz-IV-Bezug.

Ein Jahr nach der Aufgabe meines Ladens sah also alles danach aus, dass ich nochmal mit einem blauen Auge davonkommen würde. Mit viel Glück könnte ich meine Schulden innerhalb von mehreren Jahren abbezahlen.

Irgendwann im Herbst bekam ich dann einen Anruf von der Agentur, über die ich angestellt war. Der Inhaber selbst war am Hörer. Mit ihm hatte ich außer bei der Vertragsunterschrift noch nie etwas zu tun gehabt. Das konnte nichts Gutes bedeuten. Hatte ich nicht gut genug gearbeitet? Oder hatte ich mir sonst etwas zu Schulden kommen lassen?

»Martina«, sagte er, »wir haben heute die schockierende Nachricht erhalten, dass die Brauerei den Vertrieb für die Limo nun selbst übernehmen wird. Ich muss euch alle sofort entlassen.«

In meinem Kopf begann es, erst laut zu klingeln. Danach sank ich auf meinem Schreibtischstuhl zusammen wie ein Häufchen Elend. Ich konnte es nicht fassen. Ich hatte endlich eine langfristige Perspektive gefunden, die mir helfen sollte, meinen Schuldenberg abzubauen. Noch dazu in einem Job, der mir gefiel. Ich rief meine Kollegen an. Sie bestätigten meine Info und waren auch alle gekündigt. So ein verdammter Mist!

Genau zu dieser Zeit begannen die Tilgungsraten des Bankdarlehens zu steigen. Das war vertraglich so festgelegt. Da ich auch noch kein Jahr gearbeitet hatte, musste ich zu allem Überfluss auch wieder Hartz IV anmelden. Ich würde die Raten also nicht bezahlen können. Ich brauchte dringend einen neuen Job.

Ich suchte Tag und Nacht im Netz nach Jobs. Für die wenigen Dinge, die zu mir passten, kassierte ich Absagen. Die nächste in dieser Zeit fällige Kreditrate konnte ich nicht zahlen. Ich meldete mich auch nicht von selbst bei der Bank, solange ich keinen neuen Job hatte. Ich wollte mich in Ruhe melden, sobald ich mit neuen Gehältern rechnen und die Raten sicher zahlen konnte. Ich informierte darüber natürlich auch meinen Berater, der ebenfalls bestätigte, dass ich aktuell nicht mehr tun konnte. Sollte sich innerhalb weniger Wochen kein neuer Job ergeben, müsste ich mit dem Hartz-IV-Bescheid an die Bank treten und darüber verhandeln, wie es weiterginge. Aber bis dahin konnte ich wenigstens hoffen, dass die Mahnabteilung nicht allzu schnell war mit ihren Mahnungen. Ich konnte also nicht mehr tun, als noch intensiver nach Jobs zu suchen.

Einige Wochen später erhielt ich dann einen erlösenden Anruf. Ein ehemaliger Kollege teilte mir mit, dass eine andere Getränkefirma dringend Mitarbeiter suche. Ich solle mich schnell melden, meine anderen Kollegen seien auch alle am Start. Keine vier Wochen später hatte ich einen neuen Job und traf alle alten Kollegen wieder. Es war fast wie auf einem Klassentreffen. Auch wenn mir die neue Brause überhaupt nichts sagte, so fühlte ich mich allein schon wegen der Kollegen gut aufgehoben. Ich hatte es also innerhalb kurzer Zeit geschafft, wieder in Lohn und Brot zu stehen, um meine Schulden weiter abzahlen zu können. Die offene Rate von der Bank würde ich dann mit dem ersten Gehalt ausgleichen können. Wenngleich durch meine Arbeitslosigkeit zwar eine Lücke von gut zwei Monaten entstanden war, so konnte ich nun wieder allen Verpflichtungen nachkommen, ohne dabei die Verhandlungen mit den Gläubigern zerstört zu haben. Dachte ich zumindest.

Als ich jedoch nach dem ersten Monat an mein Gehalt wollte, konnte ich nichts am Geldautomaten abheben. Ich war irritiert und dachte zunächst, meine Karte wäre kaputt. Die Bankangestellte teilte mir jedoch mit, dass eine Pfändung von der Bank auf meinem Konto liege. Ich hatte ja durch die Arbeitslosigkeit eine Rate nicht zahlen können und dieser Betrag sollte nun einbehalten werden. Ich konnte mich nicht entsinnen, dass man mich angeschrieben hatte. Nicht mahnen, sondern direkt pfänden? Das war für mich neu.

Da ich nicht an mein Geld kam, musste ich mir privat Gelder leihen. Das war schon sehr peinlich. Aber zumindest war es für eine überschaubare Zeit. Ich wusste, mit dem nächsten Gehalt würde ich wieder an mein Geld kommen. Die Monate nahmen ihren Lauf. Der Job lief jedoch nicht so gut wie bei der ersten Firma. Ich hatte zwar Bestandskunden, aber nicht so viele wie zuvor. Der Verkaufsdruck wuchs, die Kundenanzahl nicht. Ich versuchte jedoch, mich nicht entmutigen zu lassen, und hatte nur mein Ziel vor Augen, endlich meinen Schuldenberg Stück für Stück zu verkleinern.

Nachdem ich nun, trotz der zuvor gekündigten Festanstellung, schnell wieder eine neue gefunden hatte, war ich mir nicht bewusst, dass nun längst nicht alles in Butter durch die Vergleichsverhandlungen mit den Gläubigern war. Durch den unvorhergesehenen Besuch des Gerichtsvollziehers wurde mehr als deutlich, was es für die Zukunft meiner gesamten Schuldentilgung bedeutet hatte, dass ich den Ratenzahlungsplan nicht zeitgenau einhalten konnte. Auch wenn der Betrag durch die temporäre Kontopfändung natürlich in die Tilgungsmasse eingeflossen war, durfte die Bank mir vertraglich berechtigt den Kredit kündigen und den Betrag auf einmal einfordern. Ich konnte also noch nicht einmal etwas gegen deren Vorgehen ausrichten. Sie waren eindeutig im Recht. Hätte ich das kommen sehen müssen? Wenn ich mir den nahezu hundertseitigen Vertrag nach zwei Jahren nochmal durchgelesen und alles verstanden hätte, was in dem Fachchinesisch dort stand, vielleicht. Aber ich kam gar nicht auf die Idee nachzulesen, ob man mir nach zu spät gezahlten Raten eventuell einen Vertrag kündigen konnte und was das dann für mich bedeutete. Ich hatte den offenen Betrag aus meiner Sicht ausgeglichen, eben nur etwas später, und witterte deshalb nicht zwangsläufig eine Gefahr für das gesamte Zahlungsabkommen. Diese ganze Schuldenthematik mit Zinsen, Verzugszinsen und sonstigen versteckten Kosten hatte mich insgesamt sehr gefordert. Ich kannte mich mit Zahlen gut aus, aber hierbei konnte ich gut verstehen, warum es dafür Fachleute gab. Mein Leben war für mich eh schon ein täglicher Überlebenskampf. Ich hatte Schulden im Nacken und bin nur gerudert, damit ich den Job hinkriege und in ständiger Rücksprache mit Herrn Müller meinen Schuldenhaufen bewältigt bekomme. Ich hatte mir nicht vorzuwerfen, dass ich »larifari« an die Thematik herangegangen war. Ich habe mich manchmal gefragt, wie es mir wohl ergangen wäre, wenn ich mir keine Hilfe geholt hätte. Wenn ich versucht hätte, dem Ganzen alleine zu begegnen. Denn selbst mithilfe von Fachkundigen war das alles ein für mich bis heute noch schwer zu durchschauender Dschungel an Bürokratie.

Ich war zutiefst enttäuscht von mir und meinem Leben. In mir tobte ein düsteres Horrorszenario. Fast zwei Jahre nach der Aufgabe meines Ladens war bei meinem Schuldenabbau kein Land in Sicht. Und anstatt stetig kleiner zu werden, wuchs der Berg durch Zinsen sogar noch an. Ich musste meine Hoffnung begraben, meine Schulden selbstständig abzahlen zu können. Durch das Heben der Hand zur eidesstattlichen Versicherung gestand ich meine Unfähigkeit zur Zahlung gezwungenermaßen endlich ein. Meine Versuche der letzten zwei Jahre, meine Schulden zu tilgen, waren ins Nichts gelaufen. Ich war schon wieder gescheitert.

Auch Herr Müller bestätigte mir, dass er nach diesem Offenbarungseid nun nichts weiter tun konnte, als für mich offiziell Privatinsolvenz anzumelden. Da ich mit meinem Laden Einzelunternehmerin war, stand mir lediglich diese Insolvenzform zur Verfügung. Die bereits angegangenen Vergleichsverhandlungen mit den Gläubigern waren von daher nichtig. Er versuchte aber, mich damit zu trösten, dass ich mich sicherlich bald befreiter fühlen würde, wenn mich kein Gerichtsvollzieher mehr aus der Dusche holte und ich keine gelben Briefe mehr im Briefkasten vorfinden würde. Außerdem könnte ich nach diesem großen Befreiungsschlag nach erteilter Restschuldbefreiung wieder bei null anfangen. Sechs Jahre würde eine solche Insolvenz offiziell dauern, vor Jahren, als es noch Konkurs anmelden hieß, waren es noch sieben. Der einzige Vorteil der Insolvenz bestand für mich darin, in einem Rundumschlag alle bisherigen Verbindlichkeiten miteinzubeziehen. Also auch solche, die nichts direkt mit dem Laden zu tun hatten, da es ja eine Privatinsolvenz war. Das erschließt sich aber auch von der Logik her. Wer kein Geld hat, kann auch keine Schulden mehr begleichen. Rein rechtlich gesehen, wäre es demnach unzulässig, wenn ich offiziell nachweisen kann, dass ich zahlungsunfähig bin, aber dennoch beispielsweise ein Studienabschlussdarlehen zurückzahlen müsste. Damit würde man andere Gläubiger bevorteilen. Und zudem wäre es auch nicht realistisch, da man ja von einem offiziellen pfändungsfreien Satz, bei mir einem Selbstbehalt von 1.078 Euro, zu leben hat, von dem man nicht genötigt werden darf, andere Schulden abzubezahlen. Die Höhe dieses Satzes ist tabellarisch festgelegt und hängt auch von anderen Umständen ab wie z.B. Unterhaltspflicht usw. Alles, was man über diesem Satz verdient oder aber an Leistungen erhält, wie z.B. ALG1 steht automatisch der Insolvenzmasse zu. Wie genau sich meine Schulden dann letztlich zusammensetzten, ist sehr detailliert und würde hier den Rahmen sprengen. Grob gesagt, wurden neben dem Bankkredit und den Verbindlichkeiten durch den Laden private wie Studienkredit, Dispo usw. mit hinzugezogen. Ich meine mich zu erinnern, dass ein Drittel der Schuldensumme alleine schon Zinsen waren. Ich kam damit dann auf die stolze Summe von fast 40.000 Euro.

Keine vier Wochen später, nachdem Herr Müller für mich die Privatinsolvenz angemeldet hatte, erhielt ich Post vom Amtsgericht mit der Info, dass ich nun einen Insolvenzverwalter hätte, dem ich regelmäßig Rechenschaft ablegen sollte.

Statt auf meine Rückmeldung zu warten war die erste Maßnahme des Insolvenzverwalters, meinem Arbeitgeber meine Insolvenz zu melden, mein Gehalt zu pfänden und zusätzlich einen Pfändungsanspruch auf den Firmenwagen auszusprechen, der auf meinen Namen angemeldet war. Dieses Vorgehen zeigte mir, dass da nichts war mit der vermeintlichen Ruhe nach dem Sturm. Ich schämte mich vor meinem Arbeitgeber in Grund und Boden. Ich konnte also kaum bis drei zählen und schon war die Info über meine neu angemeldete Insolvenz an den Arbeitgeber herangetragen worden. Wenn doch andere Mühlen der Bürokratie mal so schnell mahlen würden wie diese.

Die Sache mit der Pfändung des Firmenwagens war schnell geklärt. Weil ich den Wagen, der nicht mir, sondern der Firma gehörte, für den Job auf meinen Namen anmelden musste, ging der Verwalter fälschlicherweise davon aus, dass das mein Wagen sei. Doch das Gefühl der Erniedrigung blieb. Jetzt konnte ich meinem Arbeitgeber nicht mehr verkaufen, dass ich eine Frau war, die ihr Leben im Griff hatte und ihre Schulden abzahlte. Ich war gebrandmarkt worden vor den Augen meiner Vorgesetzten. Das machte mir sehr zu schaffen. Als es zum Ende der Probezeit um die Verlängerung ging, konnte ich dem Druck nicht mehr standhalten. Mein Vorgesetzter bekam mit, dass ich strauchelte und es mir nicht gut ging. Wir einigten uns darauf, dass eine Verlängerung meines Vertrags nicht sinnvoll war. Bei mir war der Ofen jetzt endgültig aus und ich wollte jetzt einfach nur noch meine Ruhe haben. Aber es würde noch schlimmer kommen.

Viva Colonia

Ab diesem Zeitpunkt ging es mir zunehmend schlechter. Ich schlief unglaublich viel. An manchen Tagen verließ ich das Bett kaum. Ich war ständig hin- und hergerissen zwischen Wut und Resignation. Ich haderte mit meinem Schicksal, jetzt die kommenden sechs Jahre von maximal 1.078 Euro im Monat leben zu müssen.

Neben den Demütigungen durch die zuvor erlebten Pfändungen bei meinem Arbeitgeber bekam ich eine weitere negative Seite der Insolvenzanmeldung sehr schnell zu spüren. Wegen der Einbeziehung meines Dispokredits in die Schuldensumme kündigte mir meine Hausbank das Konto und verweigerte mir gleichzeitig die Eröffnung eines neuen P-Kontos. Ein P-Konto ist ein Pfändungsschutz-Konto, das man als Insolvenzler gegen Gebühr eröffnen konnte. Man erhielt natürlich keinen Dispo, sondern war lediglich gegen weitere Pfändungen geschützt. Nicht jede Bank vergibt übrigens so einfach ein solches Konto. Viele Banken weigern sich ohne Begründung, wie ich am eigenen Leib erfuhr. Für mich zwar unverständlich, da man ja niemals einen Dispo haben wird, aber das ist eine der vielen Widrigkeiten, mit denen man sich auseinanderzusetzen hat, wenn man den Stempel der Insolvenz erst einmal auf der Stirn trägt.

Hier waren es meine Eltern, die mir bei der Eröffnung eines Kontos halfen. Sie waren so lieb, bei ihrer Hausbank auf dem Dorf ein solches P-Konto für mich zu eröffnen. Das war möglich, da man sie dort kannte. Anders, als wenn ich in einer Metropole wie Berlin in irgendeine Bankfiliale laufe und man von mir nichts außer meiner Schufa auf dem Rechner betrachtete. Mit monatlich fast 30 Euro Gebühren lag ich damit sogar über den Kosten meines damaligen Geschäftskontos. Man musste also, um überhaupt Zahlungen leisten zu können, auch noch von dem wenigen Geld, das man zum Leben hatte, verhältnismäßig hohe Gebühren bezahlen. Ich fühlte mich doppelt gebrandmarkt. Wer Schulden hatte, musste auch noch mehr Geld für ein Konto zahlen als jemand, der keine hatte. Der Verwaltungsaufwand eines solchen Kontos war nämlich auch kein anderer bzw. ging gegen null. Ich empfand die Insolvenz schon zu dem Zeitpunkt als eine Strafe, bei der man zwar auf freiem Fuß, aber unter ständiger Beobachtung war. Ein wenig so, als hätte man elektronische Fußfesseln an.

Die ständige Überwachung durch den Insolvenzverwalter sowie das auferlegte Existenzminimum waren nichts, womit ich mich so leicht abfinden konnte.

Nachdem ich mich mehrere Monate in völliger Kraftlosigkeit den Wogen des Lebens ausgeliefert gefühlt hatte, wurde es mir mit mir selbst zu bunt. Ohne Plan war mein Leben für mich nicht lebenswert. Nachdem nun Plan A (erfolgreiche Selbstständige) und B (Angestellte, die ihre Schulden abbezahlt) nicht funktioniert hatten, musste Plan C her. Ich horchte in mich hinein und spürte erneut den Wunsch nach Veränderung. In Berlin ging es mir nicht gut. Ständig an dem leer stehenden Laden mit meinem Namenschild vorbeilaufen zu müssen, war auf Dauer sehr erniedrigend. Ich beschloss einmal mehr, alle Zelte abzubrechen und in meine alte Heimat Köln zurückzukehren. Ich sehnte mich nach Geborgenheit und hoffte, dass mir die vertraute Stadt Köln mit meinen langjährigen Freunden und meine Familie in der Nähe dort dieses Gefühl schenken würden.

Binnen kürzester Zeit suchte ich mir von Berlin aus eine Wohnung zur Untermiete. Aber im Gegensatz zu damals begleitete Kater Jimmy mich dieses Mal leider nicht auf meiner Reise. Die Vermieterin hatte etwas gegen Katzen. Außerdem war Jimmy inzwischen ein »Freigänger«. Ich meiner Berliner Wohnung war er den ganzen Tag in den Schrebergärten um das Haus herumgestreunt, und es ist sehr schwer, eine Katze wieder an die Wohnung zu gewöhnen. So tapfer und ohne zu murren Jimmy in der Zeit vom Frollein Palisander das Haus gehütet hatte, brachte ich es nicht über das Herz, ihn wieder in eine Wohnung zu sperren. Ich vermietete meine Wohnung mit Jimmy als Schmusekater unter und hoffte, in Köln eine Wohnung mit Garten oder Auslauf zu finden.

Traurig verließ ich die Hauptstadt und Kater Jimmy und kam im Kölner Karnevalstrubel an. Dieser krasse Wechsel war vielleicht genau richtig. Ich wohnte in Köln auch noch mitten in einem Viertel, in dem an Karneval die Hölle los war. Weil alles wie immer so ratzfatz bei mir über die Bühne ging, hatte ich wenig Zeit gehabt, mich bei allen Freunden anzukündigen. Ich hoffte eher darauf, spontan im Karnevalstrubel miteinsteigen zu können und auf Leute zu treffen. Doch das Leben hatte sich auch hier verändert. Nur noch wenige meiner Freunde feierten überhaupt Karneval oder waren erreichbar. Ich tat notgedrungen etwas, das ich zu diesem Fest noch nie getan hatte. Ich ging alleine in ein großes Brauhaus um die Ecke und betrank mich. Anders hätte ich das Gefühl des Alleinseins sonst auch nicht ertragen können. Als Police Officer verkleidet, lernte ich dann auch recht schnell einen netten Mann kennen, der selbst auch als Polizist verkleidet war. Für den Moment war das schön. Aber langfristig konnte mich diese Begegnung nur wenig trösten. Ich kam nach Köln zurück und hatte das starke Gefühl, dass hier niemand auf mich gewartet hatte. Ich musste also auch hier wieder bei null anfangen.

In den kommenden Wochen stürzte ich mich in die Wohnungs- und Jobsuche. Das lähmende Gefühl, das sich in Berlin über mich gelegt hatte, wo mich an jeder Ecke mein Misserfolg grüßte, wich nun einem ganz neuen Aktionismus. Die Wohnungssuche gestaltete sich jedoch schwieriger als vermutet.

Ich war zwar keine Selbstständige mehr mit schlechten Um-
satzergebnissen. Jetzt war ich eine Hartz-IV-Empfängerin mit
negativen Schufa-Einträgen. Ich hatte also jetzt die schlechtesten Voraussetzungen, die man sich für eine Wohnungssuche in
einer Großstadt vorstellen konnte. Selbst in Randbezirken, in
denen viele sozial Schwächere lebten, schien es für mich schier
unmöglich, über den offiziellen Markt an eine Wohnung zu
gelangen. Schon am Telefon fragten die Damen von der Woh-
nungsgesellschaft, ob man in Lohn und Brot stand. Da ich
nicht lügen wollte, war ich ehrlich und erhielt die Info, dass
die Wohnung schon vergeben und nur noch nicht aus dem
Netz genommen worden sei. Eine übliche Ausredetaktik wie
ich später erfuhr, wenn man schon in der ersten Runde aus-
geschieden war. Wozu sollten sie mich auch zu einer Besichtigung einladen, wenn sie mir eh absagen würden? Da ersparten
sich die Verwaltungen direkt am Telefon spätere Selektions-
arbeit und schränkten dadurch mein eigenes Spektrum an
möglichen Wohnungen auf ein Minimum ein. Wie sollte ich
bei diesen Voraussetzungen denn an eine schöne Wohnung mit
Garten kommen, die für mich auch noch erschwinglich war?
Zur Not, das wusste ich, würde ich immer noch die Möglichkeit haben, zur Untermiete in möblierten Wohnungen zu
leben bei Menschen, die länger im Ausland waren. Aber war
das wirklich eine Option, die ich die nächsten Jahre so leben wollte? Ich wollte doch auch meine eigene Wohnung mit
eigenen Möbeln anmieten und bezahlen können. Ich ließ mich
davon jedoch nicht entmutigen, sondern merkte schnell, dass
ich meine Strategie ändern musste. Vielleicht gab es ja noch
private Vermieter, die ein wenig Herz hatten und die ich davon
überzeugen konnte, dass ich, auch wenn ich gescheitert war,

immer meine Miete bezahlt hatte und auch in Zukunft dank Unterstützung bezahlen konnte. Und mit genau einem solchen sollte ich wenige Wochen später ins Geschäft kommen. Ich erzählte offen, dass ich Schufa-Einträge aufgrund meiner Ladeninsolvenz hätte und jetzt auf Arbeitssuche war. Mein Vater war bei dem Gespräch mit dabei, was den Vermieter, der sehr freundlich war und der vom Alter her auch mein eigener Vater hätte sein können, überzeugte. Der Vermieter hatte über ein großes Immobilienportal inseriert, und ich fragte ihn, wie ich zu der Ehre käme, dass er gerade mich ausgewählt hatte. Er antwortete, dass ich dadurch herausgestochen hätte, dass ich ehrlich und freundlich gewesen war und mehr als drei Sätze geschrieben hatte. Ich war baff. Endlich mal eine wertschätzende und positive Reaktion auf mich. Und das bei dem Wohnungsmarkt und trotz meiner Schufa. Ich backte ihm zum Dank eine Torte.

Die Miete war jedoch wie überall in Köln höher als in Berlin. Selbst kleinere Wohnungen waren nicht unter 500 Euro zu kriegen. Bei meinem Budget konnte ich mir ausrechnen, dass mir nicht viel übrig blieb zum Leben. Und ob das Jobcenter hier die Miete komplett übernehmen würde, stellte ich gar nicht mehr infrage. Ich ging davon aus, dass ich wieder nur einen Teilzuschuss wegen nicht genehmigten Umzugs erhalten würde und auf die Unterstützung meiner Eltern angewiesen war. Das war eine extrem bittere Erkenntnis. Unabhängig davon, dass ich momentan mit meinem Satz an Sozialleistungen gar nicht auf die mir maximal möglichen 1.078 Euro kam, fragte ich mich allerdings, wie ich die nächsten Jahre bewältigen sollte. Erst recht, wenn ich wieder einen Job hätte. Ich würde also Vollzeit arbeiten und trotzdem nicht davon leben können und weiterhin auf die Hilfe meiner Familie angewiesen sein. Zwar könnte ich dann häppchenweise dafür sorgen, dass den Gläubigern Geld zufließt. Aber wovon sollte ich leben? Was wäre, wenn ich keine Unterstützung gehabt hätte? Ging man grundsätzlich davon aus, dass Menschen, die insolvent sind, von anderen mitfinanziert werden bei der Bemessung des Minimums, das ihnen zustand? Warum gab es da keine individuellen Bemessungsgrenzen abhängig von der zu zahlenden Miete? Solche Gedanken sorgten dafür, dass ich mich erneut immer eingeschränkter und hilfloser fühlte. Für mich war das Leben mit der Insolvenz weiterhin aussichtslos. Der erste Energiestoß, der mich gepackt hatte, als ich nach Köln gefahren war, war verpufft. Ich war zwar jetzt daheim, fühlte mich aber immer noch genauso beschissen wie in Berlin. Der Unterschied war, dass ich nicht tagtäglich im Kiez an meinem alten Laden vorbeilaufen musste. Aber das Joch, das mir durch die Insolvenz auferlegt worden war, trug ich weiterhin jeden Tag mit mir herum.

Der größte Wermutstropfen bei diesem Umzug war jedoch, dass die neue Wohnung keinen direkten Garten hatte und somit keinerlei Auslauf für Kater Jimmy bot. Mein Untermieter in Berlin hatte sich in der Zwischenzeit sehr gut mit Jimmy verstanden und wollte meine Wohnung auch langfristig übernehmen. Da tat ich den für mich schwersten Schritt und fragte ihn, ob er auch Jimmy auf Dauer ein neues Zuhause bieten wolle. Wollte er. Ich war unendlich traurig, aber ich hoffte, dass ich damit für mein Katerchen das Beste tat.

Als ich bei meinem Auszug meine Möbel aus der Wohnung holte, verabschiedete ich mich tränenreich von Jimmy. Ich hatte ihn damals aus dem Tierheim geholt. Er war extrem scheu und schwer vermittelbar gewesen. Aber ich hatte »meinen kleinen Schisser« schnell an mich gewöhnt und war über sieben Jahre für ihn da gewesen. *Für ihn ist es nicht so schlimm wie für einen Hund*, versuchte ich, mich zu beruhigen. *Katzen »vergessen« ihre Frauchen ziemlich schnell.* Mein Nachmieter schickte mir ab und an Bilder und erzählte, dass Jimmy sich pudelwohl fühle. Mein schlechtes Gewissen, ihn zurückgelassen zu haben, wurde dadurch jedoch kaum beruhigt.

Trotz der Traurigkeit über den Verlust von Jimmy wollte ich endlich vollständig in Köln ankommen und versuchte, mich wieder aufzuraffen. Immerhin war meine Familie jetzt näher und wir konnten uns häufiger sehen. Das war mir wichtig gewesen bei meiner Rückkehr nach Köln. Von Berlin aus kam es mir immer wie eine Weltreise vor, nach Köln zu fahren. Das, was lange weit weg gewesen war, war nun wieder nah. Aber ich fühlte mich nicht geborgen – was nicht an meinen Eltern lag. Der Grund war einfach, dass ich mich in dieser Zeit immer weiter auf innere Talfahrt begab. Seit der Insolvenzanmeldung war nun ein gutes Jahr vergangen. Es lagen noch viele Jahre vor mir. Und das machte mir Angst.

Ich hatte die ersten bitteren Pillen der Insolvenz schlucken dürfen. Ein eingeschränktes Budget zum Leben für viele Jahre, Kontoführung unter erschwerten Bedingungen sowie Probleme bei der Wohnungssuche waren die ersten Hürden. Doch es gab derer noch viele mehr. Ein Auto für ein paar Stunden ohne Kreditkarte anzumieten, war damals noch nahezu unmöglich. Ebenso wie einen neuen Handyvertrag bei einem anderen Anbieter zu erhalten. Alle paar Wochen geriet ich im normalen Alltag an Grenzen, mit denen ich so nicht gerechnet hatte. Ich wusste um die Einschränkungen einer Insolvenz. Ihr wahres Ausmaß erkennt man jedoch erst, wenn man es selbst durchlebt hat. Ich versuchte, mich, so gut es ging, in meinem neuen Leben in Köln einzurichten. Ich hatte zwar noch ein paar Freunde in der Stadt. Aber auch hier zeigte sich, dass sich deren Leben verändert hatte. Ich war jetzt Mitte 30, und die ersten Kinder wurden geboren, sodass viele kaum noch auf die Piste gingen. Ich selbst war nun seit dem Ende der Beziehung mit Tim Single. Das Thema Kinder war für mich auch überhaupt kein Thema, weshalb ich keine tickende Uhr in mir trug, die mich hätte stressen können, mir schnellstmöglich einen Partner suchen zu müssen. Ich konnte noch nie etwas mit dem klassischen Lebensmodell à la »Kind, Köter, Kombi« anfangen. Dennoch wäre es schön gewesen, einen Partner an meiner Seite zu haben, der mich in manch dunkler Stunde hätte unterstützen und für den ich hätte da sein können. Denn auch wenn ich mich in einer schwierigen Lebensphase befand, hatte ich viel Liebe zu geben und hätte mich über eine dauerhafte Partnerschaft sehr gefreut. Aber außer ein paar Dates, die vielleicht in einer netten Bekanntschaft endeten, gab es in dieser Zeit keine nachhaltigen Begegnungen mit Männern in meinem Leben. Ich fand mich damit ab, dass ich allein war, mich mit meinen Problemen nicht mit einem Partner austauschen konnte und es auch wenig Möglichkeiten durch Ausgehen mit Freunden gab, einen Mann kennenzulernen. Natürlich lernte man Partner nicht nur beim Ausgehen kennen, aber ich glaubte auch nicht an die wundersame Begegnung im Supermarkt, die mein Leben veränderte. Ich entsann mich der ersten drei von elf Paragrafen des kölschen Grundgesetzes und versuchte mich in Urvertrauen. Als Rheinländer war ich mit diesen Weisheiten groß geworden und muss gestehen, dass sie mir schon häufiger im Leben Zuversicht schenkten. Das mag vielleicht für Nichtrheinländer ein wenig befremdlich wirken, aber das war für mich ein Stück weit Hoffnung in schweren Zeiten.

§1: Et is wie et is
Es ist wie es ist. Sieh den Tatsachen ins Auge.

§2: Et kütt wie et kütt
Es kommt wie es kommt. Hab keine
Angst vor der Zukunft.

§3: Et hät noch immer jotjejange

Es ist noch immer gut gegangen. Es gibt eine Vorsehung und gegen die kann man eh nichts machen. Also immer mit der Ruhe.

Dennoch konnte mir das kölsche Grundgesetz nur ab und an mental dabei helfen, mit den neuen Widrigkeiten meines Lebens klarzukommen. Der Glaube an die Grundsätze ermöglichte mir zwar, mich zu erden und neue Hoffnung zu schöpfen. Aber sie konnten mir nicht bei der Tatsache helfen, dass ich mich verloren hatte. Irgendwann einmal war ich eine zuversichtliche Kämpferin gewesen, und jetzt war ich eine von Selbstzweifeln geplagte Frau ohne jeglichen Halt. Nach den vielen Enttäuschungen der letzten Jahre wollte ich mich unbewusst auch auf gar nichts mehr einlassen. Sowohl in puncto Freundschaft, Beruf oder Beziehungen. Als gebranntes Kind scheute ich das Feuer wie der Teufel das Weihwasser. Ich lebte in jeglicher Hinsicht auf Sparflamme. Finanziell und emotional.

Das einzige Mal, dass mich wirklich etwas begeistern konnte, war, als ich durch Zufall mitbekam, dass man in der Backstube eines Cafés mit zugehöriger Rösterei eine Kuchenfee suchte. Ich hatte im Frollein Palisander wirklich mit ganzer Leidenschaft gebacken und mich gerne an neuen Kreationen ausprobiert. Kurz nach der Ladenschließung hatte mich sogar einer meiner Bekannten kontaktiert und gefragt, ob ich ihm und seiner Frau eine fünfstöckige Hochzeitstorte zaubern könne. Das zwar genau zu der Zeit, als ich für die Limonadenfirma Vollzeit arbeitete – aber ich konnte ja Nachtschichten dafür einlegen und jeden Cent extra gebrauchen. Ich wusste zwar nicht, ob ich es konnte, aber mein Herz ging auf, und ich sagte Ja. Das war einfach ein furchtloser Moment. Während andere wahrscheinlich Nein gesagt hätten, traute sich irgendetwas in mir diese Sache zu. Ohne Plan und Konzept bekam ich dann ganz intuitiv die riesige Torte hin und brachte sie auch heile zum Anschnitt. Ich verlangte gerade einmal schlappe 150 Euro dafür, mit denen ich noch nicht einmal meinen Wareneinsatz decken konnte. Aber das war mir egal. Ich verbuchte es als Lernerfahrung. Das Paar war begeistert und ich auch.

Jetzt, mehrere Jahre später, erinnerte ich mich wieder an meinen Enthusiasmus und griff bei dem kleinen Job in der Backstube zu. Und obwohl es dort manchmal auch monoton und langweilig war, konnte ich doch so einiges an Erfahrung sammeln und mich immer weiter verbessern. Während ich im Frollein Palisander gerade einmal ein bis zwei Kuchen alle paar Tage gebacken habe, steigerte ich mich in der Backstube teilweise auf bis zu ein Dutzend Kuchen pro Tag. Das war dann schon fast Fließbandarbeit und vermieste mir manchmal auch das Backen. Ich kombinierte dieses Backen mit Tätigkeiten in der dazugehörigen Rösterei, in der ich für andere Bereiche zuständig war als Backen, wodurch ich mich endlich wieder einigermaßen selbst finanzieren konnte, einen Ausgleich zur Fließbandarbeit fand und nicht mehr nur untätig zu Hause rumsaß. Mit diesem offiziellen Teilzeitjob war ich dann auch endlich wieder für eine Weile raus aus dem Hartz-IV-Bezug und hatte seit Langem das Gefühl, endlich wieder auf eigenen Beinen zu stehen.

Gleichzeitig bekam ich aber auch zu Hause immer mehr Lust darauf. Das Backen war mir eine willkommene Ablenkung von meinem weiterhin sorgenreichen Leben.

In meiner Wohnung mit einer kleinen, netten Hausgemeinschaft hatte ich eine schöne Küche, in der ich mich gerne aufhielt. So war es dann bald normal, dass ich für meine Nachbarn backte. Ich probierte mich an Torten und Variationen, die ich dann zur Verkostung in den Hausflur stellte. Ich konnte endlich wieder meiner Kreativität freien Lauf lassen und mich für eine Weile beim Backen verlieren. Trotz meiner eigenen ständigen Unzufriedenheit über das Ergebnis ließ ich nicht locker und genoss meine kleinen Auszeiten mit Rühren, Kneten und Spachteln. Auch bei Familienfesten war ich auf einmal diejenige, die mit den tollen Torten ankam. Für mich waren das schöne Gelegenheiten, mich ein wenig auszuprobieren und stetig zu verbessern. Ich liebte das Backen einfach.

Lichtblicke

Während das Backen mehr und mehr zu einer Leidenschaft wurde und ich mich an immer kompliziertere Kreationen herantraute, gab es auch in meinem restlichen Leben Grund zur Freude.

Nachdem ich jetzt mehrere Jahre mit der Enttäuschung gelebt hatte, Insolvenz anmelden zu müssen, und in eine Gefangenschaft geraten zu sein, die ich vermeiden wollte, informierte mich mein Berater Herr Müller über ein Licht am Ende des Tunnels.

Durch eine aktuell bevorstehende Novellierung des Insolvenzrechts bestanden nun neue Möglichkeiten. Damit hatten alle, die Privatinsolvenz anmeldeten, die Möglichkeit, sich offiziell schneller »freikaufen« zu können. Konkret hieß das, dass man beispielsweise, wenn man innerhalb von drei Jahren 35% der gemeldeten Forderungen erfüllt hatte und ebenso die Verfahrenskosten begleichen konnte, vorzeitig eine Restschuldbefreiung erhalten konnte. Erst durch die Erteilung der Restschuldbefreiung ist man offiziell frei von seinen Schulden. Um diese zu erhalten, durfte man sich während der Insolvenz, vereinfacht ausgedrückt, nichts mehr zu Schulden kommen lassen bzw. musste sich vorschriftsgemäß verhalten haben. Anstatt also erst nach Ablauf von sechs Jahren war die Beendigung einer Insolvenz von nun an in der Hälfte der Zeit möglich. Eine enorme Erleichterung für viele Gescheiterte. Der Staat hatte also erkannt, dass diese lange Lahmlegung der Geschäftsfähigkeit sehr einschneidend für die Betroffenen war, und neue Möglichkeiten geschaffen, schneller wieder am normalen Leben teilnehmen zu können. Da ich jedoch vor dieser Gesetzesänderung meine Insolvenz angemeldet hatte, konnte ich von den neu geschaffenen Vorteilen leider nicht rückwirkend profitieren. Dennoch bot auch mir die Gesetzesänderung Möglichkeiten, wie mir mein Berater Herr Müller mitteilte. Er schlug vor, die Änderung als Anlass zu nehmen, erneut an meine Gläubiger heranzutreten, mit dem Vorschlag eines erneuten Vergleichs in Form einer Planinsolvenz. Er wollte den Gläubigern ein neues Angebot unterbreiten, indem er ihnen einen pauschalen Betrag in Aussicht stellte, der höher war als das, was sie durch meine bisherigen Einzahlungen voraussichtlich sonst bekommen würden. Die Logik mag nicht jedem einleuchten, aber ich versuche, es mit einfachen Worten zu erklären. Aufgrund meiner bisherigen geringen Abzahlungen und meiner Arbeitslosigkeiten konnte man prognostizieren, dass ich zum Ablauf der Insolvenz in der Lage wäre, maximal ein Achtel des Gesamtbetrags abzuzahlen. Somit wollte er ihnen ein Angebot machen, dass sie zufriedener stellen sollte als das, was sie womöglich zu erwarten hatten. Meine Familie und ich haben das alles damals ehrlich gestanden nur halb verstanden. Wie bereits erwähnt, musste man teilweise ein echter Fachmann sein, wenn man sich mit dem Thema Insolvenz auseinandersetzte. Er schlug den Gläubigern 10.000 Euro vor, also ein Viertel der Gesamtsumme, wenn ich mithilfe einer Planinsolvenz dadurch eine vorzeitige Restschuldbefreiung erhielt. Der Vorteil für die Gläubiger wäre gewesen, dass sie schneller und auch an mehr Geld gekommen wären, weshalb sie sich leichter darauf einlassen könnten, ihre Forderungen etwas zu reduzieren. Auch hier wieder lieber den Spatz in der Hand als die Taube auf dem Dach, wie man doch so schön sagt.

Dieses Modell war eine großartige Aussicht für mich. Ich litt ja zunehmend darunter, dass ich weiterhin nicht in der Lage war, den für mich riesigen Schuldenberg abzutragen. Es mag manche Menschen geben, die sich durch eine Insolvenz wirklich frei und unbelasteter fühlen. Für mich war das nicht der Fall. Ich hatte meinen Schuldenberg gedanklich immer im Nacken und musste eingeschränkt auf einem Existenzminimum leben. Ich wollte diesen Berg abarbeiten und mich nicht darauf ausruhen, dass es eine Restschuldbefreiung gab und ich im schlechtesten Fall einfach nur meine Zeit absitzen musste. Auch wenn die Insolvenz sich für mich wie ein Gefängnis anfühlte, wollte ich niemals eine solche Mentalität entwickeln. Durch die Insolvenz gab es keine wirklichen Vorteile für mich. Die Last, diese Schulden verursacht zu haben, trug ich weiterhin mit mir herum.

Als mir die neue Möglichkeit von Herrn Müller vorgetragen wurde, war ich hellauf begeistert. Die Freude wurde jedoch getrübt, als es darum ging, woher diese hohe Summe kommen sollte. 10.000 Euro waren kein Pappenstiel. Mit meinem aktuellen Teilzeitjob würde ich dieses Geld niemals erwirtschaften können.

Ich war also jetzt erneut an einem Punkt angelangt, an dem ich nicht die besten Rahmenumstände vorzuweisen hatte, mit denen ich in neue Verhandlungen mit Gläubigern gehen konnte. Da mein Gehalt nur knapp über dem Existenzminimum lag und somit nichts übrig geblieben wäre, um auf irgendeine Art die 10.000 Euro in absehbarer Zukunft in die Kasse bringen zu können, musste ich also wieder nach einem neuen Job suchen, mit dem ich dann auf lange Sicht in der Lage dazu war.

Einen Job, bei dem ich im Idealfall 2.500 Euro netto nach Hause brachte, wäre hierzu nötig gewesen. Aber wie sollte ich an einen solchen Job rankommen? Und wenn das so einfach wäre, warum arbeitete ich nicht bereits in einem solchen und hätte meine Schulden bereits zur Hälfte abgezahlt? Ganz einfach, weil es nicht nur nicht einfach für mich war, überhaupt an Jobs zu kommen oder in Jobs zu bleiben. Und vor allem auch, weil ich noch nie einen solchen Job gehabt hatte. Das waren 1.000 Euro netto mehr als das, was ich durchschnittlich in einer Festanstellung jemals verdient hatte. Ich vermutete, dass man hierzu einen Führungsjob brauchte oder etwas Vergleichbares. Natürlich stellt sich hier für viele jetzt die Frage, warum ich dann nicht direkt die Gesamtsumme abbezahlen wollte, wenn ich mir einen solchen Job suchen müsste. Von Nichtwollen konnte hier jedoch nicht die Rede sein. Ich war bereits in der Halbzeit meiner Insolvenz angelangt. Selbst mit einem solchen Einkommen hätte ich die Schulden nicht mehr komplett abbezahlen können. Zudem war es aufgrund meiner bisherigen beruflichen Laufbahn auch nicht realistisch, zu erwarten, dass ich einen solch gut bezahlten Job überhaupt kriegen würde. Ich musste vielmehr darum bangen, überhaupt eine neue, gut bezahlte Anstellung zu erhalten. Und dann war je nach Gehalt immer noch nicht klar, ob ich den Betrag eigenständig abbezahlen konnte. Selbst die »kleine Insolvenz« mit nur noch 10.000 Euro stellte sich für mich also als nahezu unüberwindbare Hürde dar, wenn ich sie ohne Hilfe angehen wollen würde.

Ich sprach mit meinen Eltern über die Planinsolvenz, die 10.000 Euro und die wenig realistischen Chancen, dass ich das Geld zeitnah selbst erwirtschaften konnte. Sie bekamen ja hautnah mit, wie mich die Insolvenz belastete. Ihre Möglichkeiten mir zu helfen, waren jedoch beschränkt. Auch sie hatten wie ich keine Goldbarren unter dem Bett versteckt. Sie hatten schon immer in einfachen Verhältnissen gelebt, ihr Leben lang hart gearbeitet und konnten dennoch nicht auf nennenswerte eigene Rücklagen zurückgreifen.

Nach vielen Gesprächen mit mir und Herrn Müller erklärte sich mein Vater schließlich bereit, mir zu helfen und für mich einen Kredit in Höhe von 10.000 Euro aufzunehmen. Das war auch das Maximum, das seine Bank ihm anbieten konnte kurz vor der Rente. Darum betonte er, dass er mir das Geld auch nur leihen könne, wenn ich auch eine Festanstellung fand, diese auch halten und ihm den Kredit in absehbarer Zukunft abbezahlen konnte. Der Zeitraum könnten auch zwanzig Jahre sein, Hauptsache, er sieht sein Geld Stück für Stück wieder. Dieses Angebot meines Vaters nahm mir einen großen Teil meines Drucks. Denn nun könnten wir in die Verhandlungen für die Planinsolvenz gehen, selbst wenn ich erst mal keinen Job fände mit einem hohen Nettogehalt. Für diese Hilfsbereitschaft war ich meinem Vater unglaublich dankbar. Gleichzeitig merkte ich, wie dieses Scheitern mich trotz möglicher Planinsolvenz auf psychischer Ebene immer mehr belastete. Mein innerer Diktator brüllte mir weiterhin tagtäglich ins Ohr, was ich für ein erbärmlicher Loser sei, der nichts auf die Kette bekomme. Gleichzeitig merkte ich, wie ich durch die Aussicht auf das vorzeitige Ende meiner Insolvenz einen zwischenzeitlichen Motivationsschub erhielt, den ich bitter nötig hatte. In einem Jahr konnte diese Hölle vorbei sein – wenn ich jetzt nur richtig ranklotzte.

In dieser Zeit entdeckte ich statt eines Jobs erst einmal etwas komplett anderes. Bei meinen Internetrecherchen zu Jobs im Bereich Außendienst oder Backen stieß ich auf einen Casting-Aufruf einer großen Backshow – nach dem Koch-Hype der neue Trend im TV. Ich hatte sogar mal eine Folge geschaut und noch bei mir gedacht, dass ich das niemals so hinkriegen würde wie die Kandidaten. Viel zu schwer für einfache Hobbybäcker. Und genau für diese Show wurden jetzt Teilnehmer gesucht. Das Preisgeld waren 10.000 Euro und ein eigenes Backbuch – gesponsert vom TV-Sender beziehungsweise von einem bekannten Partner aus der Backmittelindustrie –, mit dem man auf Dauer auch noch Geld verdienen konnte. Ich zögerte nicht lange und bewarb mich über das Castingformular. Ich hatte nicht nur Erfahrungen hinter der Kamera gesammelt, sondern auch schon einmal vor Jahren bei einem TV-Quiz teilgenommen. Zwar ohne Erfolg, aber immerhin vor der Kamera schon agiert. Angst hatte ich nur davor, dass meine Backfähigkeiten nicht zum Sieg ausreichen würden. Das Niveau war schließlich hoch. Aber mit ein bisschen Training ließ sich das sicherlich machen. Letztendlich überzeugte mich aber die magische Summe von 10.000 Euro. Das war genau der Betrag, den wir in den Planinsolvenztopf werfen wollten und den ich mir so nicht von meinem Vater leihen musste. Und schließlich wollte ich meinen inneren Diktator endlich davon überzeugen, dass er unrecht hatte. Ich konnte schließlich backen. Ich hatte es mir selbst beigebracht, in der Backstube meine Fähigkeiten verbessert und war heiß darauf, diese Sendung zu gewinnen.

Nach meiner Kurzbewerbung für die Sendung passierte erst mal gar nichts. Ich legte das Projekt gedanklich ad acta und widmete mich jetzt intensiv der Jobsuche. Zum Glück geriet ich an eine Hamburger Agentur. Ehemalige Arbeitskollegen hatten den Kontakt hergestellt. Es bestand die Möglichkeit, dass man mir für einen Großkunden eine Festanstellung im Frühjahr anbieten könne. Das hieß zwar wieder: warten. Aber immerhin hatte ich etwas in Aussicht.

Als eines Tages der ersehnte Anruf von der Agentur kam, hob sich meine Gemütslage endlich wieder. Ich wurde zu einem Vorstellungsgespräch nach Hamburg bei einer renommierten Tabakfirma eingeladen. Obwohl ich für meine Begriffe ein wenig zu offenherzig über meine Vorliebe für Gitarrenmusik geplaudert hatte, ergatterte ich den Job. Zum Glück konnte ich durch meine offene Art plus meine bisherigen Berufserfahrungen also doch noch einen professionellen Eindruck hinterlassen. Binnen weniger Tage würde es losgehen mit einer einmonatigen Einarbeitung in ganz Deutschland. Und das Gehalt stimmte auch noch. Es war zwar weit unter den avisierten 2.500 Euro netto, aber immerhin würde ich meinem Vater sein Geld häppchenweise über Jahre zurückzahlen können. Ich leitete die frohe Botschaft direkt an meine Eltern und Herrn Müller weiter, der ankündigte, nun alles in die Wege zu leiten. Mein Vater solle ihm den Betrag von 10.000 Euro auf sein Treuhandkonto überweisen und Herr Müller werde die Gläubiger und den Insolvenzverwalter informieren. Uns erschloss sich zwar nicht, warum Herr Müller das Geld jetzt schon auf einem Konto haben wollte, da er auch betonte, dass der ganze Ablauf sich über Monate, wenn nicht sogar ein Jahr hinziehen könnte. Er rechtfertigte es damit, dass er gegenüber den Gläubigern meine Liquidität durch das Vorhandensein des Geldes nachweisen müsse und man es deshalb schon jetzt auf einem

Konto anlegen sollte. Wir glaubten ihm das. Durch diese guten Nachrichten gestärkt, startete ich im neuen Unternehmen in die Einarbeitung. Ich war heilfroh, mal ein paar Wochen aus Köln rauszukommen und neue Leute kennenzulernen. Der Job an sich fiel mir leicht, da ich ja bereits Erfahrung hatte. Und ob es sich nun um Limonade, Schnaps oder Zigaretten handelte – an sich ging es immer um das Gleiche. Beraten, betreuen und verkaufen. Ein Kinderspiel für mich.

Im Frühjahr, während ich schon fleißig in meinem Gebiet für den neuen Job unterwegs war, erhielt ich einen Anruf von der Castingfirma, bei der ich mich für die Backshow beworben hatte. Ob ich noch Interesse hätte? Na, und ob! Was für eine bescheuerte Frage. Wer hat denn kein Interesse daran, 10.000 Euro zu gewinnen? Man teilte mir mit, dass es ein großes Casting in mehreren Städten gebe, zu dem man seine selbst gebackene Lieblingstorte mitbringen müsse. Wenn man damit punkten konnte, durfte man vor Ort noch an einer Challenge teilnehmen, bei der die Auserwählten unter Kamerabeobachtung backen sollten. Wenige Tage später würde man dann eine Zu- oder Absage erhalten.

Obwohl ich gerade erst den neuen Job angenommen hatte, war für mich klar, dass ich diese Chance nutzen musste. Ich musste mir nur noch überlegen, ob ich in Berlin oder Hamburg zum Casting wollte. Der Termin in Berlin erschien mir passend, da ich an dem Wochenende auch zur Hochzeit einer Freundin eingeladen war und sie schminken würde. Ich würde bei Katja, einer Freundin, die ich noch aus Göttingen kannte, unterkommen und durfte ihre Küche für die Herstellung meiner Torte benutzen. Weil ich wegen der Hochzeit allerdings relativ wenig Zeit haben würde, musste ich die Böden bereits in Köln backen. Da ich mit dem Flieger kam, war klar, dass ich sie nicht füllen durfte, da Crème im Handgepäck verboten war. Sprengstoffverdacht – was man eben so alles in einer Torte verstecken kann. Es gab also viel vorab zu organisieren, und ich wusste, dass es ein anstrengendes Wochenende werden würde.

In der Zeit der Vorbereitung auf dieses enorm wichtige Wochenende bekam ich Besuch von einem guten Bekannten, dem ich eine ganz besondere Ecke am Rhein zeigen wollte. Mit dabei war auch mein Teilzeitmops Frida, der in dieser Zeit zumindest zum Teil die Leere in meinem Herzen auffüllte, die die Trennung von Kater Jimmy dort hinterlassen hatte. Auf meine Mopsliebe war ich über Mops Hugo gekommen, der mich häufiger im Frollein Palisander besucht hatte. Hugo gehörte einem schwulen Pärchen, das zuvor auch ein paar Meter weiter in meiner Straße versucht hatte, sich mit einem Laden eine Existenz aufzubauen. Die beiden hatten allerdings bereits nach drei Monaten wieder die Segel streichen müssen, weil es bei ihnen noch schlechter gelaufen war als bei mir.

Wir hatten uns als Leidensgenossen angefreundet, und sie waren auch zu meiner Abschiedsfeier gekommen – natürlich mit Hugo. Da er mich immer so freudig und wedelnd begrüßte, begann ich, mich in die Rasse Mops zu verlieben. Ich entdeckte, dass sie als kleine freudige Wesen mir unglaublich viel Liebe schenkten. Als Frau, die mit Katzen groß geworden war, hatte ich mit Hunden bisher wenig zu tun gehabt. Das änderte sich durch den Mops schlagartig. Meine Liebe zum

Mops war geboren. Zurück in Köln ergab sich die Möglichkeit, anstatt mir wieder ein eigenes Tier anzuschaffen, dessen Anschaffungs- und Tierarztkosten ich niemals hätte stemmen können, ab und an auf den Mops von Bekannten aufzupassen. Ich vermisste nicht nur Jimmy, sondern überhaupt ein Tier in meinem Leben. Ich war mit Tieren groß geworden und Haustiere gehörten für mich zum Glücklichsein dazu. Die Bekannten mit dem Mops brauchten alle paar Wochen mal für ein paar Stunden jemanden, der sich um das Tierchen kümmerte, und ich war sofort hellauf begeistert. Frida war ein schwarzer Minimops, und ich taufte sie sofort »Torpedo«, weil sie mir mit ihrer unbändigen Lebensfreude bei der ersten Begegnung im Treppenhaus entgegenstürmte und sich mit einer solchen Wonne durchkraulen ließ, dass es mir auch heute immer noch Tränen vor Freude in die Augen treibt, wenn ich daran denke. Das, was für viele die bedingungslose Liebe von Kindern ist, die ihnen Freude bereitet, war und ist für mich immer noch die von Tieren. Frida hatte mein Herz im Sturm erobert, und ich konnte gar nicht anders, als mich sofort bereit zu erklären, mit diesem wundervollen Tierchen einen Teil meiner Freizeit verbringen zu wollen. Ich war einfach übermannt von dieser Lebensfreude, die mir so oft fehlte. Mit Frida erlebte ich in den nächsten Monaten unglaublich schöne Momente in meinem für mich schwer zu ertragenden Leben.

Ich war zu dieser Zeit viel in der Natur unterwegs. Ob nun mit ihr Gassi gehen oder einfach zum Joggen, das ich seit Jahren immer als meinen sportlichen Ausgleich praktizierte. Hierbei hatte ich bei einem Joggingausflug eine Stelle am Rhein entdeckt, die ich einem Bekannten nun gemeinsam mit Frida zeigen wollte. Wenn man mit wenig Geld auskommen und sich kein teures Fitnessstudio leisten kann, ist Joggen der billigste Weg, dem Dauerstress davonzulaufen. Bei meinen Runden rannte ich gern ein und dieselbe Strecke, bei der ich immer wieder an einer bestimmten Stelle umdrehte, weil der Weg aus meiner Sicht dort endete. Eines Tages war ich aber neugierig gewesen, weil es dort doch irgendwie weitergehen musste. Der Rhein floss ja auch bis Düsseldorf weiter, und es hieß immer, man könne mit dem Rad am Fluss entlang dorthin fahren. Ich kämpfte mich durchs Dickicht und sah, dass der Weg tatsächlich über Treppen weiterging. Ich folgte ihm und gelangte in einen riesigen Skulpturenpark. Dort entdeckte ich neben vielen Fabelwesen und Holzfiguren auch die Skulptur eines goldenen Mopses mit Flügeln. Für mich war dieser eigentlich unspektakuläre Moment ein Meilenstein. Die Entdeckung des goldenen Mopses stand sinnbildlich für das, was ich aktuell tun musste. Meinen Weg einfach weitergehen. Mich nicht von vermeintlichen Sackgassen abhalten lassen. Die Hoffnung nicht aufgeben, dass mein Leben sich doch wieder zum Guten wenden würde. Der Mops im Skulpturenpark wurde zu meiner persönlichen Kraftquelle, die ich immer wieder aufsuchte, wenn es mir schlecht ging.

An diesem Tag wollte ich meinem Bekannten diese Quelle zeigen. Er sollte selbst sehen, was ich mit dieser Skulptur verband. Am goldenen Mops angekommen, nahm ich Frida auf den Arm, und mein Bekannter hielt diesen Moment in einem Foto fest. Noch heute kommen mir beim Anschauen dieses Bildes Tränen, weil ich in dem Moment so glücklich und frei war. Es war einer der wenigen Momente in dieser Zeit meiner Insolvenz, in der ich erfüllt von neuer Hoffnung und Zuversicht war.

Kurz nach dem gemeinsamen Besuch beim goldenen Mops stand für mich das Highlight an. Die Hochzeit meiner Freundin und das Casting für die Backshow in Berlin. Ich hatte mir als Castingtorte eine vierlagige Cremetorte mit aufgespritzten Rosen in Ombréoptik vorgenommen und plante alles akribisch. Ich hatte keine Ahnung, was meine Konkurrenten ins Auge gefasst hatten, und verließ mich ganz auf mein Bauchgefühl. Die vorgebackenen vierfarbigen Böden wollte ich gut verpackt im Handgepäck transportieren, die Zutaten für die Creme dann vor Ort kaufen und in Katjas Küche zubereiten. Einen Mixer hatte sie da. Ich musste nur noch Spachtel, Palettenmesser und eine Spritztülle mitbringen. Am Check-in des Flughafens wurde ich zwar angesichts meiner mehrfarbigen Tortenböden im Handgepäck etwas seltsam beäugt, aber als ich den Sicherheitsleuten erklärte, dass ich zum TV-Casting einer bekannten Backshow fuhr, grinsten alle und wünschten mir gut gelaunt viel Glück.

In Berlin angekommen, die Tasche mit den vorgebackenen Böden bei meiner Freundin schnell abgeworfen, liefen die Hochzeitsvorbereitungen der Braut wie am Schnürchen. Das Make-up und die Hochzeit waren einfach perfekt. Ich saß in der Kirche und weinte ein paar Tränen vor Rührung. Vielleicht würde auch ich ja eines Tages einmal heiraten. Ich liebte Hochzeiten. Nach der Trauung fuhr ich aber schnurstracks wieder zu meiner Freundin Katja, die das Wochenende bei ihrem Freund verbrachte und mir ihre Wohnung als Backstube überlassen hatte. Ich hatte einen straffen Zeitplan. Eigentlich wollte ich schnell die Torte fertig machen und dann abends zur Hochzeitsfeier wieder dazustoßen. Als ich aber nach mehreren Stunden des Rührens und Anmischens der Farben merkte, dass mir die Zeit davonrannte, musste ich mich entscheiden. Wollte ich für eine Party die Qualität meiner Torte riskieren? Ich sagte meine Teilnahme an der Feier schweren Herzens kurzfristig ab. Das Casting war einfach zu wichtig für mich. Erst gegen elf Uhr abends war ich fertig mit meiner Torte und rundum zufrieden. Alles war so geworden, wie ich es geplant hatte. Jetzt musste ich das Teil nur noch unversehrt zum Castingort, einer Konditorenschule, bringen.

Als ich am nächsten Morgen dort ankam, fiel ich aus allen Wolken. An die hundert Menschen, hauptsächlich Frauen, waren aus ganz Deutschland angereist. Die Zufriedenheit über meine eigene Torte war binnen Sekunden dahin, als ich sie neben den anderen Kreationen abstellen musste. Es waren wirklich tolle Torten dabei. Unglaubliche Torten sogar. Ich kam mir vor wie auf einer Tortenmesse, bei der Konditoren um den Weltmeisterschaftstitel kämpften. Ich war sprachlos. Wie sollte ich gegen diese Konkurrenz nur ankommen? Ich bekam es mit der Angst.

Und obwohl es jede Menge Torten gab, die mir überhaupt nicht gefielen – zu kitschig, zu bunt und manche auch fast schon geschmacklos überladen –, bewunderte ich den Aufwand, den viele hierfür betrieben hatten. Da konnte ich wahrscheinlich mit meiner kleinen eingeflogenen Cremetorte direkt einpacken.

Während eine Jury von Konditoren, die nicht zur Jury der Backshow gehörten, sondern zu der Schule selbst, die abgestellten Torten unabhängig von den Bäckerinnen vorab beurteilte, hatten wir Zeit, um miteinander ins Gespräch zu kommen. Einige erzählten, an welchen Wettbewerben sie schon teilgenommen hatten. Wieder andere beschrieben mir, wie sie teilweise eine Woche lang an den modellierten Tierchen auf den Torten gesessen hatten.

Eine Woche? Ich war zwar beeindruckt, fragte mich aber auch, wie sie sich das in der TV-Show vorstellten. Man hatte dort teilweise nur zwei bis fünf Stunden Zeit zum Backen. Ich fand meinen Zeitaufwand von acht Stunden fast schon zu viel des Guten. Ich vermutete, dass viele dieser Bäckerinnen Hausfrauen waren, die einfach sehr viel Zeit und Freude an ihrem Hobby hatten. Bastelte man in den 80er-Jahren noch mit Fimo oder Ton, so ging der Trend nun zum Modellieren von Figuren aus Fondant oder Blütenpaste, etwas, womit ich selbst noch keinerlei Erfahrung gesammelt hatte. Aber ich hoffte darauf, dass mein Praxisbezug zum Backen für mich von Vorteil war. Zu irgendwas sollte es doch schließlich gut gewesen sein, dass ich eine Zeit lang Dutzende von Käsekuchen am Tag gebacken hatte.

Ich lag richtig mit meiner Einschätzung. Viele dieser beeindruckenden Torten flogen mitsamt ihren Herstellerinnen direkt in der ersten Runde raus. Als ich in die zweite Runde berufen wurde, wusste ich, dass das ein gutes Zeichen war. Nach einem kleinen Interview, in dem man schon sehen konnte, wer vor der Kamera gut reden konnte und wer nicht, durften wir direkt in die Backstube zum Vorbacken unter Kamerabeobachtung vorrücken. Dort mussten wir dann alle klassische Donauwellen backen. Mein Herz ging auf. Das war ja auch der Lieblingskuchen, den ich mit meiner Mutter immer gebacken hatte. Aber ohne die Hilfe einer Fertigmischung wie früher einen Pudding herzustellen, fiel auch mir auf Anhieb nicht leicht. Zum Glück gab man uns ein Rezept hierfür, und ich konnte mich auf meine handwerklichen Fähigkeiten verlassen. Das dennoch aufgrund der knappen Zeit und der noch zu heißen Puddingmasse etwas geronnene Endergebnis der Creme machte ich mit einer tollen Schokoladenglasur wieder wett. Am Ende mussten wir alle unsere fertigen Kuchen vor einer Jury präsentieren und auch hier wieder etwas dazu vor der Kamera erzählen. Wie schon beim ersten Mal merkte ich, dass es mir trotz Aufregung ziemlich leichtfiel, vor der Kamera zu agieren. Zuletzt wurden die Topteilnehmer dann noch zu einem ausführlichen Interview vor der offiziellen Logoleinwand der Backshow gerufen. Hier wurde dann direkt etwas für eine mögliche Ausstrahlung im TV gedreht. Ich hatte großen Respekt und war tierisch nervös. Gleichzeitig wusste ich, dass ich an dem Tag bislang offenbar in allen Punkten überzeugt hatte. Mit einem guten Gefühl im Bauch verließ ich den Ort und nahm meine Torte wieder mit, die ich meiner Freundin Katja zum Dank für meinen Aufenthalt bei ihr schenkte. Ich fiel wie ein Stein ins Bett.

Am Ende der darauffolgenden Woche erhielt ich die Zusage, dass ich als eine von zehn Teilnehmerinnen bei Deutschlands größter Backshow im Sommer dabei wäre. Ich kam aus dem Jubeln nicht mehr raus.

Der Zusammenbruch

Mit der Zusage der Backshow hatte ich also die heiß ersehnte Chance auf den großen Geldgewinn, mit dem ich meinem Vater die Kosten meiner Planinsolvenz schnell zurückzahlen könnte. Und um diesen Jackpot kämpfte ich auch noch auf eine Art und Weise, die ich gerne tat, nämlich indem ich backte. Eine Quizshow wäre mir zu unberechenbar gewesen, aber hier hatte ich das Gefühl, eine reale Chance zu haben. Ich war glückselig und freute mich wie ein kleines Kind auf die Dreharbeiten.

Ich bereitete mich nun in jeder freien Minute auf die anstehende Show vor. Wir bekamen vorab von der Redaktion die Hälfte der Aufgaben mitgeteilt. Da man bei der Aufzeichnung nur ein paar Stunden Zeit zum Backen hatte, mussten die eigenen Rezepte und Ideen dem Sender natürlich vorher vorliegen, da die ganzen Dreharbeiten sonst nicht zeitnah möglich waren. Der Kuchen sollte bei der Ausstrahlung nämlich auch für den Zuschauer in einer Zeichnung veranschaulicht werden, Rezepte durften nicht doppelt sein, der Sprecher musste dazu passend den Text einsprechen usw. Ebenso konnte man von einem Kandidaten auch nicht erwarten, dass er sich binnen Sekunden eine Kuchenkreation aus dem Ärmel schüttelt, das Rezept im Kopf hat und alle notwendigen Zutaten vor Ort sind. Von daher hatte diese Vorausplanung durchaus einen Sinn. Sie half mir gleichzeitig auch, mich mit Rezepten und Ideen auseinanderzusetzen und meine eigene Linie zu finden. Ich stand nicht so sehr auf extravagante Zutaten. Einfach, aber gut sollte es geschmacklich sein. Vom Schweregrad der Dekorationen durfte es hingegen etwas mehr sein. Nicht kleckern, sondern klotzen sollte meine Devise lauten. Besonders angetan war ich von der anstehenden 3-D-Torte, also einer Motivtorte. Ich hatte noch nie eine dreidimensionale Torte gebacken und freute mich sehr auf diese Herausforderung. Als Motiv war mir recht schnell klar, dass ich einen Mops bauen wollte. Die Finaltorte sollte eine fünfstöckige Hochzeitstorte sein –

und ins Finale wollte ich es unbedingt schaffen. Da ich ein solches »Monster« bereits erfolgreich für Freunde gebacken hatte, war ich mir ziemlich sicher, dass das für mich die kleinste Herausforderung auf der Zielgeraden sein würde. Da hatte ich schon eher Bammel vor den Macarons, einem französischen Eiweiß-Mandel-Gebäck, die zwar durch relativ wenige Zutaten für einen Laien auf den ersten Blick ziemlich einfach erscheinen. Deren Herstellung aber unglaubliche Präzision verlangt und je nach Luftfeuchtigkeit und Backofeneigenheiten ein riskantes Glücksspiel sind. Als Vorbereitung für die 3-D-Torte sah ich mir zunächst ein Internettutorial an, um das Ganze dann direkt auszuprobieren. Kurz zuvor erst hatte ich einen Fondant-Kurs belegt, da ich mit dieser marzipanähnlichen Zuckermasse noch nie gearbeitet hatte. Während mir beim Casting in Berlin die anderen erzählt hatten, dass sie seit Jahren mit nichts anderem als Fondant arbeiteten, war dieses Material für mich absolutes Neuland. Man musste schon beim Ausrollen sehr darauf achten, dass man keine Luftblasen oder Risse einarbeitete. Auch konnte die Masse schnell an der Luft austrocknen oder auf der Arbeitsfläche kleben bleiben. Keine leichte Angelegenheit für einen Fondantneuling wie mich. Mit dem 3-D-Probe-Mops, der durch seine verwinkelten Formen wirklich sehr schwierig einzumanteln war, war ich zu Hause dann aber vollends zufrieden. Dafür, dass ich noch nie eine solche Torte gebaut, geschweige denn ummantelt hatte, sah er top aus. Ich malte ihm sogar noch Schattierungen mit meinem Make-up-Pinsel mit Lebensmittelfarbe auf und bastelte eine schöne Hundeleine. Ich bewahrte den Mops noch einige Tage im Kühlschrank auf und hoffte, dass er mir in der Sendung genauso wunderbar gelingen würde.

Als ich wenige Wochen später bei den Aufzeichnungen zur Show dieselbe Aufgabe unter den Adleraugen der Kameras bewältigen musste, war auf einmal alles ganz anders als zuvor in meinen vier Wänden.

Doch bis dahin hatte ich noch so einige andere Hürden zu überwinden.

Bereits bei der ersten Aufgabe am ersten Drehtag belegte ich mit meiner Ombré-Torte, die der Torte vom Casting ähnelte, nur einen der hinteren Ränge. Ich konnte nicht nachvollziehen, wie die Jury einen einfachen, mit geschmolzener Butter überzogenen Hefezopf meiner Torte vorziehen konnte, die nicht nur viel komplexer war, sondern die ich diesmal auch statt in acht in nur zwei Stunden sehr gut hinbekommen hatte, wie ich fand. Doch natürlich kam es nicht nur auf die Optik, sondern auch auf den Geschmack an. Und nicht nur Letzterer wurde bei mir kritisiert. Ich war hart getroffen und desillusioniert. Direkt am Anfang punktete ich also mit einer Torte, mit der ich mich am sichersten fühlte, so gar nicht.

Ich versuchte, das alles nur als Startschwierigkeiten abzutun, und erhoffte mir bessere Bewertungen bei der nächsten Aufgabe. In einer technischen Prüfung, die wir nicht vorab erfahren hatten, mussten wir Cronuts herstellen. Das ist ein Hybrid aus Donut und Croissant. Ein typischer Croissant-Blätterteig, den man selbst herstellen musste, wurde als Donut ausgestochen, frittiert und später noch mit einer Creme gefüllt. Eine große Herausforderung für alle. Die technischen Aufgaben bei dieser Show waren oft Übungen in klassischer Handwerkskunst, beispielsweise die Herstellung von bestimmten Teigarten. Das hatte ich aber vorab daheim mithilfe eines alten Backbuchs meiner Mutter aus den 70er-Jahren gründlich geübt. Ich fühlte mich von daher nicht sonderlich gestresst, sondern fand die Aufgabe fast schon einfach. Wenn man einmal verstanden hat, wie die Butter zwischen dem Teig ausgerollt wird, kann wenig schiefgehen. Was ich offenbar jedoch nicht beachtete, war die optimale Temperatur des Frittierfetts. Ich fand mein Endergebnis jedoch ansehnlich und staunte nicht schlecht, als ich dieses Mal sogar auf dem allerletzten Platz landete. Als mein Gebäck dann zu allem Überfluss auch noch von der Jury als Baklava betitelt wurde, versuchte ich mich in Galgenhumor. Und hatte dabei Tränen in den Augen. Es war nicht zu leugnen, dass es für mich von Beginn an nicht gut lief und ich meine Felle davonschwimmen sah. Ich versuchte, mich jedoch zusammenzureißen, da meine Lieblingsaufgabe, der 3-D-Mops, noch vor mir lag.

Dennoch bekam ich teilweise richtig gehend Panik. Ich hatte mich im Hinblick auf den Geldgewinn innerlich sehr unter Druck gesetzt. Für mich war die ganze Teilnahme nicht einfach nur »just for fun«. Bei mir ging es um alles. Ich stand vor den vielen Kameras teilweise extrem unter Stress, was den anderen Teilnehmern auch nicht entging.

Schon bei der ersten Torte rastete ich in einer Situation, in der mich drei Kameras beobachteten und eine Redakteurin mit Fragen überschüttete, richtig gehend aus. Dabei wurde in den letzten zehn Minuten unserer Backzeit mindestens fünfmal gefragt: »Schaffst du das? Meinst du wirklich, dass du das noch schaffst? Schau mal, die Zeit rennt davon. Bist du dir sicher, dass du das überhaupt noch hinkriegst? Was machst du, wenn du es nicht schaffst?« Diese Fragen schienen für mich kein Ende zu nehmen und bohrten sich wie ein Pfeil in mein Herz. Ich war total überfordert und genervt. Ich wollte meine Torte schnell und perfekt zu Ende kriegen und wurde stattdessen mit Fragen gelöchert, wie sie mein innerer Diktator nicht besser hätte stellen können. Ich konnte unter diesem Druck irgendwann nicht mehr an mich halten und fuhr die Redakteurin und den Kameramann mit ziemlich verletzenden Worten an, sie sollten mich gefälligst in Ruhe arbeiten lassen. Entsetzen in ihren Gesichtern. Ich fühlte mich wie ein gejagtes Tier und übertraf im negativen Sinn alle Erwartungen, die man an mich gestellt hatte. Die mir auferlegte Rolle als »die Emotionale«, mit der ich dem TV-Publikum vorgestellt worden war, hatte ich also mit Bravour erfüllt. Nur vielleicht nicht ganz so, wie man sich das vorgestellt hatte. Diese Szene wurde nie ausgestrahlt.

Ich entschuldigte mich später bei der Redakteurin und dem Kameramann, der jedoch nur genervt nickte und mir erst mal eine Weile aus dem Weg ging. Kurz darauf wurde mir eine andere Redakteurin zugeteilt. Ich hatte also beim Team verkackt. Ich fragte mich, ob ich vielleicht dadurch jetzt auch bei der Jury und dem Sender unten durch war? Ob meine erste Torte also wirklich so schlecht gewesen oder man mich aggressive Kuh nur schnell loswerden wollte? Ich schämte mich sehr über mein Verhalten. Aber es war geschehen und ich konnte nichts mehr daran ändern. Ich konnte nur noch alles daransetzen, irgendwie weiter durchzuhalten. Gleichzeitig hatte ich das Gefühl, dass ich mich mit jeder neuen Aufgabe immer weiter von den 10.000 Euro entfernte. Mein Gefühl von Scham darüber, dass ich mich öffentlich zum Affen machte und keine realistische Chance auf den Sieg für mich bestand, wurde erdrückend. Ich wäre am liebsten zu dem Zeitpunkt freiwillig aus der Sendung ausgestiegen. Da ich dann aber eine vertraglich geregelte Konventionalstrafe hätte zahlen müssen, kniff ich die Arschbacken zusammen und machte weiter.

Jetzt blieb mir nur noch die 3-D-Torte, um nicht schon aus der ersten Sendung zu fliegen. Aber wie sollte ich weitere Sendungen mit diesen für mich großen, emotionalen Herausforderungen überstehen, wenn es von Anfang an schon so schlecht für mich lief?

Die 3-D-Mops-Torte hatte ich um einiges größer geplant als die Probevariante bei mir zu Hause. Wir hatten fünf Stunden Zeit, und ich konnte nur mutmaßen, wie viel Zeit ich wirklich brauchen würde. Mein innerer Druck stieg, und ich dachte, dass ich etwas mehr bieten musste als bislang, damit ich nicht gegen andere Torten unterging. Die Redakteure sahen dann mein Rezept und klopften mir auf die Schulter, als ich mich ans Werk machte. »Na, da hast du dir ja ganz schön was vorgenommen. Niemand will so eine riesige Torte machen wie du. Viel Glück!« Oha! Hatte ich mir vielleicht doch zu viel vorgenommen?

Die Antwortet lautete klar und einfach: ja!

Der Mops wurde eine totale Katastrophe. Ich hatte mehrere Kilo Teigmasse, die für eine dreistöckige Hochzeitstorte gereicht hätten, zu backen und merkte am Ende, dass mir dadurch enorm viel Zeit zum Ummanteln und Dekorieren fehlte. Während andere Kandidaten schon fleißig ihre kleinen Figuren modellierten, stapelte ich noch Lage um Lage aufeinander. Beim Zuschneiden der Lagen kam dann auch nichts Besseres als ein großer Klops zustande. Wie sollte ich daraus

noch einen Mops modellieren? Als es dann am Schluss an den
Fondant ging, den wir statt auf einer speziellen Fondantmat-
te auf der kleinen Holzarbeitsfläche ausrollen mussten, geriet
ich in Panik. Die Arbeitsfläche an sich bot nicht genügend
Platz, um einen einheitlichen Mantel an Masse auszurollen,
die den Mops komplett bedecken konnte. Außerdem klebte
der Fondant andauernd fest und bekam viele Risse. Ich musste die Fetzen dann wie bei einem Flickenteppich auflegen. Es
war schrecklich. Mit jeder Sekunde wurde ich hektischer und
die Tränen strömten mir irgendwann einfach nur noch un-
gebremst über das Gesicht. Dieses Mal rastete ich in meiner
Verzweiflung aber nicht aus, sondern versuchte, zu retten, was
noch zu retten war. Was vermutlich auch daran lag, dass mich
die Redakteure mit Fragen dieses Mal in Ruhe ließen und
stattdessen die Moderatorin zu mir kam und versuchte, mich
aufzubauen. Alle spürten offenbar, dass ich am Ende meiner
Kräfte war und man mich nun lieber etwas sanfter angehen
sollte. Einer der Teilnehmer, der mit seiner Torte schon fertig
war, war sogar noch so lieb und half mir dabei, mein Debakel
fertigzustellen, als mir die Zeit am Ende davonraste. Ich war
extrem gerührt von seiner Hilfe. Wir setzten dem Mops noch
einen Hut auf und in seine Augen formte ich kleine Herzchen.
Es half aber alles nichts. Es war nicht zu übersehen, dass das,
was ich fabriziert hatte, alles andere als ein süßer Mops war.
Ich fand, es war eher eine unförmige Karikatur, die entfernt
an die Bulldogge aus Tom und Jerry erinnerte. Mir war klar:
Ich hatte grandios verkackt und würde aus der Show fliegen.
Der Mops landete entgegen meiner Erwartung zwar nicht auf
dem letzten Platz, aber wieder nur auf Platz 8, wodurch ich
nun dreimal hintereinander unter den letzten Dreien platziert

war. Immerhin brachte er die Jury und die Moderatorin zum Schmunzeln und die Kombination von Böden und Füllungen schien ihnen auch wenigstens mal zu schmecken.

Es half aber nichts. Aufgrund dieser mehrfachen schlechten Bewertungen musste ich in einer Extrarunde antreten, um es noch eine Runde weiter zu schaffen. Das hatte mir gerade noch gefehlt. Jetzt durften wir drei Loser uns nochmal miteinander messen. Da sich diese Chance für mich eher wie die Einladung anfühlte, nun endgültig den Löwen in der Arena zum Fraß vorgeworfen zu werden, hielt sich meine Freude über diese Chance in Grenzen. Ich hatte innerlich längst aufgegeben. Dieses Mal hätte ich mir gewünscht, dass jemand für mich das weiße Handtuch in den Boxring wirft und den Kampf dadurch für beendet erklärt. Ich selbst hatte ja aufgrund der vertraglichen Modalitäten keine Möglichkeit dazu, meine Boxhandschuhe wie damals beim Kampf um das Frollein Palisander selbst auszuziehen und aus dem Ring zu steigen. Während manche Menschen in einer solchen Situation die letzten Kraftreserven für diese Chance mobilisieren konnten, hatte ich hier für mich längst erkannt, dass der letzte Kampf zwecklos war. Auch einer meiner Mitstreiter sagte hierzu interviewt: »Wir wünschen ihr, dass sie weiterkommt. Aber ich vermute, sie wird sich wieder zu viel vornehmen und sich dadurch selbst im Weg stehen.«

Ich hatte in allen Aufgaben bislang voll verkackt. Und egal, was ich tat und als wie gut ich selbst meine Ergebnisse bewertete (bis auf den unsäglichen Mops natürlich) – ich hätte aus meiner Sicht keine Chance gehabt auf den Sieg, selbst wenn ich eine Runde weitergekommen wäre. Ich sah mich innerlich nur weiter scheitern und scheitern. Noch mehr von dieser

Schande wollte ich mir und den Zuschauern nicht antun. Dafür hatte ich in gewisser Hinsicht auch zu viel Stolz, als mich weiterhin als Lachnummer anbieten zu wollen. Ich war also ganz unten am Boden meines Selbstbewusstseins angelangt und hätte mich am liebsten nur noch in Luft aufgelöst. Zwar versuchten mich die Redakteure noch damit aufzubauen, dass ich jetzt noch die einmalige Chance hätte, wie Phoenix aus der Asche aufzusteigen. Aber ich war innerlich ganz weit weg und konnte mit diesen aufbauenden Worten nicht mehr viel anfangen. Ich weiß, dass sie es nur gut meinten, aber wenn man so wie ich jede Hoffnung verloren und sich in aller Öffentlichkeit heulend zum Horst gemacht hat, dann ist der Vorrat an Zuversicht irgendwann erschöpft.

Die letzte Aufgabe bewältigte ich dennoch gar nicht mal so schlecht. Nicht überragend, aber auch nicht unterirdisch wie vorherige. Jedoch nichts im Vergleich zu dem, was ich eigentlich draufhatte. Es ging mir auch bei dieser Aufgabe mental weiterhin nicht wirklich gut. Ich hatte innerlich nicht den Hebel umreißen, meine Flügel spreizen und gen Himmel aufsteigen können. Schon bei der Vorbereitung hatte ich nämlich mit Blackouts zu kämpfen, die sich während der Sendung wiederholten. Ich war seit Tagen gefangen in einem Strudel aus Selbstvorwürfen und extremen Gefühlen der Hilflosigkeit. Die ganze Sendung war für mich nur noch wie ein einziges Trauma. Während meine Mitstreiterinnen den »Jetzt erst recht«-Hebel umlegen konnten, war ich total blockiert und gelähmt. Ich funktionierte einfach nur noch körperlich und war seelisch abwesend. Das war etwas, das ich noch nie zuvor erlebt hatte. Statt meine üblichen Reflexe in Stresssituationen einzusetzen (Kampf oder Flucht) fühlte ich mich nun das erste Mal wie das Kaninchen vor der Schlange.

Am Ende des Tages flog ich als Vorletzte raus und war fast schon erleichtert. Zwar hatten sich meine Chancen auf die 10.000 Euro dadurch endgültig in Luft aufgelöst. Aber wenigstens waren diese Qualen endlich vorbei. Ich erinnere mich noch gut, dass ich abschließend dazu befragt wurde, wie es mir jetzt damit ginge, rausgeflogen zu sein. Mit Tränen in den Augen versuchte ich Haltung zu bewahren und sagte aus heutiger Sicht sehr treffend: »Dann ist dieser Druck wohl nichts für mich. Andere gehen auf. Ich gehe unter.« Mir graute nur vor der Ausstrahlung, bis zu der es zum Glück noch eine Weile dauern würde.

Rückblickend betrachtet, weiß ich, dass nur ich selbst meine letzte Interview-Aussage wirklich in ihrer Bedeutung verstehen konnte. Der Zuschauer bekam ja eine vermeintlich kampflustige, emotionale und oberflächliche Bäckerin mit Bandana und Tattoos präsentiert. Dass ich mich selbst auch in eine Schublade gesteckt hatte, die nicht zu mir passte, wurde mir erst Jahre später bewusst. Ich hatte ein sehr gutes Verhältnis zu einer meiner Mitstreiterinnen, der ich mich in einer ruhigen Minute ehrlich offenbarte. Es ging dabei um meine Gastronomieerfahrungen bzw. meinen in den Sand gesetzten Laden. Ich hatte diesbezüglich nie vor dem Team gelogen. Aber ich habe auch nie aktiv erwähnt, dass ich mal eine Kneipe hatte, damit baden gegangen war und jetzt in einer Insolvenz lebte. Als ich mit ihr dann über meine Antwort auf die Interviewfrage sprach, was ich mit den 10.000 Euro anstellen würde, schaute sie erstaunt, als ich ihr die Wahrheit sagte. In der Sendung hatte ich erzählt, dass ich mir davon neue Küchengeräte zum Backen anschaffen wollte. Als ich ihr aber die Wahrheit sagte, nämlich, dass ich mit dem Gewinn aus meinen Schulden raus wollte, blieb ihr der Mund offen stehen. Sie schüttelte mich und sagte: »Martina, warum hast du das denn nicht ehrlich gesagt? Dann hättest du doch alle auf deiner Seite. Dann würden sie verstehen, warum du unter einem solch enormen Druck stehst und hier so unermüdlich kämpfst.« Vermutlich hatte sie recht. Ob dann auch die Sendung für mich anders verlaufen wäre, weil man es der vom Leben gebeutelten Insolvenzlerin mehr gewünscht hätte, zu gewinnen, als der ehrgeizigen Trine, fragte ich mich dann schon. Jedoch sprachen meine Backergebnisse ja auch für sich. Und damit beendete ich das sinnlose »Hätte, hätte«-Karussell in meinem Kopf. Jetzt war es eh zu spät, mit offenen Karten zu spielen. Ich war rausgeflogen. Game over. Ich behielt meine private Geschichte der Insolvenz lieber weiterhin für mich. Mit meinem Scheitern an die Öffentlichkeit zu gehen würde ich stattdessen später in meinem Leben in einem anderen Kontext vollziehen. Nur ahnte ich selbst davon zu der Zeit noch nichts.

Ich hatte mir jetzt also mehrere Wochen im neuen Job frei genommen für eine verkackte Backshow und war bereits nach wenigen Tagen wieder zu Hause. Ich überstand das Wochenende, indem ich viel schlief, und begann die neue Woche total überfordert. Ich schämte mich in Grund und Boden und wusste nicht, was ich mit meiner Zeit anfangen sollte. Es war zwar Sommer, aber um mich herum war alles dunkel. Ich war einfach nur erschöpft, und alleine schon, mir Kaffee zu machen, war mir zu viel. So schlecht war es mir bis dahin noch nie gegangen. Noch nicht einmal, nachdem ich meinen Laden aufgegeben hatte.

Ich entschied mich für einen radikalen Schritt. Ich wies mich selbst in eine Klinik in der Nähe ein. Nach einem Telefonanruf konnte ich am nächsten Morgen anreisen. Ich blieb eine Woche auf einer offenen Station, aus der ich zu jeder Zeit wieder hätte gehen können. Es tat mir gut, mich nicht um mein Essen zu kümmern, Therapien zu machen und viel zu schlafen. Zudem waren Menschen um mich herum, mit denen ich mich austauschen konnte. Medikamente nahm ich keine. Schon nach drei Tagen fühlte ich mich wieder viel besser, und nach einer Woche entließ ich mich, da es für mich wieder bergauf ging. Die kurzzeitige Auszeit dort hatte mich wieder auf die Beine gebracht und mir einen gewissen Abstand zum Erlebten ermöglicht. Ich wusste natürlich, dass hierdurch nicht all meine Probleme ausgelöscht waren. Aber immerhin konnte ich wieder aufgepäppelt am normalen Leben teilhaben. In die Tiefe gehen, um das Erlebte langfristig zu verarbeiten, würde ich dann ambulant gemeinsam mit meinem Therapeuten. Ich fühlte mich erst mal wieder »gesellschaftsfähig« und besuchte mit einer Freundin ein Public Viewing der Fußball-WM-Spiele und backte dafür Petit Fours mit Spielergebnissen drauf. Da ich vom heimischen Probebacken für die Show noch so viel Fondant übrighatte, sollten wenigstens Freunde und Bekannte davon profitieren. Ich brachte die restlichen beiden Wochen unfreiwilligen Urlaub im Freibad und mit Sport hinter mich und freute mich darauf, wieder arbeiten gehen zu können. Ich hätte den Urlaub natürlich auch verkürzen können und meinem Arbeitgeber anbieten können, wieder früher zu arbeiten. Aber da ich nicht erwähnt hatte, wofür ich den Urlaub genommen hatte, hätte ich mich unwohl gefühlt, mich erklären zu müssen, warum ich jetzt auf einmal wieder arbeiten wollte.

Der Außendienst konnte mich jedoch in den nächsten Wochen nicht von dem Erlebten ablenken. Die Unzufriedenheit mit mir und meinem Leben wuchs. Auch in puncto Planinsolvenz kam ich nicht wirklich etwas voran. Auf meine stetigen Rückfragen hin erhielt ich von Herrn Müller immer nur ausweichende und unzufriedenstellende Antworten. Alles fühlte sich nur noch nach Krampf und Kampf an. Meine Akkus waren alle. Mein Körper und ich kapitulierten.

SEGEL SETZEN

Zurück auf Anfang

Irgendwann wenige Wochen nach dem Rauswurf aus der Backshow ging gar nichts mehr. Selbst die kleinsten Dinge waren mir zu schwer und zu viel. Mich überhaupt aus dem Bett zu schälen war die reinste Qual. Ich war erschöpft und mir tat alles weh. Ich konnte die Schmerzen noch nicht einmal einer bestimmten Körperregion zuordnen. Ich wusste, dass dieser Zustand ein schlechtes Zeichen war. Kapitulation. Noch einmal in die Klinik wollte ich aber nicht, da das für mich nur eine Notlösung und eben keine Dauerlösung war. Außerdem hatte ich schon vor einiger Zeit einen tollen Therapeuten in Köln gefunden, mit dem ich nun weiter an mir arbeiten würde. Einen Heilpraktiker, der auf Körpertherapie spezialisiert war. Ein körpertherapeutischer Ansatz geht davon aus, dass Körper und Seele eine Einheit bilden. Schmerzen im Körper werden aus dieser Sichtweise nicht nur von reinen physischen, sondern auch psychischen Symptomen verursacht. Doch auch er konnte mir in diesen extrem dunklen Stunden meines Lebens nicht unmittelbar aus der Misere helfen. Das hätte niemand gekonnt. Die Probleme saßen tief in den Muskeln und in der Seele drin und konnten nur nach und nach an die Oberfläche befördert werden. Das brauchte einfach Zeit. Ein gebrochenes Herz konnte in seiner Heilung nicht mit dem eines aufgeschlagenen Knies gleichgesetzt werden. Ich musste mich in Geduld und Akzeptanz gegenüber der aktuellen Situation üben und gleichzeitig den darunter liegenden Ursachen auf den Grund gehen. Durch meinen Therapeuten lernte ich, diese Phase der totalen Talfahrt einigermaßen gut zu überstehen. Er brachte mir bei, die schlimmen Gefühle anzunehmen und wenigstens ab und an meinen inneren Diktator zum Schweigen zu bringen. Der Diktator hatte nämlich in dieser Zeit wieder Hochsaison in meinem Kopf. Er verurteilte mich für alles. Ich sei selbst Schuld an der peinlichen TV-Misere und hätte es von vornherein besser wissen müssen. Ich hätte es selbst verursacht, dass ich überhaupt insolvent war. Und ich war selbstverständlich auch komplett alleine daran schuld, dass ich mit dem Frollein Palisander Pleite gegangen war.

Natürlich trug ich objektiv für vieles die Verantwortung. Nicht aber für alles. Mich selbst dafür Tag und Nacht fertig zu machen, verschlimmerte die ganze Situation nur noch. Mein Therapeut half mir, eine wohlwollendere Perspektive gegenüber mir selbst und den Geschehnissen einzunehmen. Und er unterstützte mich dabei, die Schattenseiten meiner Seele anzunehmen.

Trotz seiner großartigen Hilfe sah ich mich jedoch irgendwann nicht mehr in der Lage, meinen Job auszuführen. Ich quälte mich genervt und gereizt zu Terminen und erreichte immer häufiger meine Ziele nicht. In Kundengesprächen war ich häufig geistig abwesend, wodurch sich auch Fehler in meine Arbeit einschlichen. Ich musste eingestehen, dass ich so erst mal nicht mehr weitermachen konnte, und ließ mich krankschreiben. Ich brauchte jetzt absolute Ruhe und keinerlei Druck von außen. Hierdurch würde ich aber auch meine finanzielle Sicherheit in Gefahr bringen in der Probezeit. Aber da eh schon alles unter mir zusammengebrochen und ich am Ende meiner Kräfte war, konnte ich mich nur noch willenlos dem tiefen Fall in den Abgrund hingeben.

Als nach mehreren Wochen meiner Krankschreibung der Arbeitgeber wissen wollte, ob ich wieder arbeiten kommen könnte, konnte ich ihm das ehrlicherweise nicht garantieren. Ich umschrieb meine Problematik grob und stellte heraus, dass ich an einem persönlichen Tiefpunkt in meinem Leben angelangt war. Da mich dieses Unternehmen immer fair behandelt hatte, wollte ich ebenso agieren. Selbst kündigen konnte und wollte ich auch wegen einer möglichen Sperrung vom Arbeitslosengeld nicht. Wenn man mich jetzt auch noch sanktionieren würde, würde ich das finanziell nicht überleben. Aufgrund der gegebenen Umstände entschied mein Arbeitgeber sich schließlich, mich zu kündigen und ich bereitete eine ordentliche Übergabe meiner Kunden für meinen Nachfolger vor. Genau in dieser Phase erfuhr ich von meinem Berater Herrn Müller, dass der zuständige Insolvenzverwalter große Einwände gegen die Planinsolvenz habe und es daher sehr unwahrscheinlich sei, dass ich früher aus der Sache herauskam. Ich vertraute seinen Aussagen blind und sah somit die Hoffnung auf das vorzeitige Ende meiner Insolvenz auch als gestorben an. Diese Information war also eine weitere Hiobsbotschaft binnen kürzester Zeit. Hieß es nicht, man hätte in der Insolvenz Ruhe von dem ganzen Mist, der einem das Leben bis dahin zur Hölle gemacht hatte? Für mich ging es gefühlt nur noch immer weiter bergab. Und das nachdem ich nun die Hälfte der Zeit schon überstanden hatte. Wäre dieser Herr Müller gar nicht erst mit seinem bekloppten Vorschlag angekommen, der mir Hoffnung auf ein baldiges Ende dieser Zeit versprach. Stattdessen hatte ich mich nur noch mehr in einen Strudel manövriert, der mich unaufhaltsam nach unten riss. Ich habe übrigens Jahre später erst erfahren, dass nicht mein zuständiger Insolvenzverwalter etwas gegen die Idee der Planinsolvenz gehabt hatte. Fakt war, dass Herr Müller bestimmte Formvorschriften nicht eingehalten hatte und dadurch meine Planinsolvenz selbst zum Scheitern gebracht hatte. Ich habe bis heute nicht alle juristischen Details dazu verstanden, da auch das wiederum ein solches Fachwissen voraussetzt, das ich mir selbst in sechs Jahren Insolvenz nicht angeeignet habe. Ich ging davon aus, dass jemand, der mich vertritt und Gutes für mich erwirken möchte, auch entsprechend qualifiziert handelt, und vertraute ihm einfach.

Wieder fühlte ich mich ohnmächtig, und zugleich wuchs in mir das Bedürfnis, aktiv etwas an diesem Zustand zu ändern. Ich stand nach mehreren Wochen zwar endlich wieder auf, saß aber dafür gefühlt Tag und Nacht am Rechner und überlegte verzweifelt, was diese Veränderung bringen konnte. Zuerst überlegte ich, ob ich auch um Mietkosten zu sparen, ins Umland ziehen sollte. In die Natur mit viel Ruhe um mich herum. Gegen totale Einsamkeit hatte ich zu der Zeit nichts. Aber was sollte ich arbeiten in einem Kuhkaff? Ich war zwar auf einem Dorf aufgewachsen – aber wollte ich mich wirklich nach vielen Jahren in der Großstadt von all ihren Annehmlichkeiten auf Dauer verabschieden? War ich nicht noch zu jung für ein solches Leben und würde ich überhaupt jemals wieder ins Dorf zurückkehren können? Selbst Köln kam mir nach Berlin manchmal schon wie eine Kleinstadt vor. Nach einer Woche planloser Sucherei im Bergischen Land traf ich die Entscheidung, statt aufs Dorf wieder in eine richtige Großstadt mit vielen Möglichkeiten, nämlich nach Berlin, zurückzuziehen. Irgendwie sah ich mich doch nicht auf dem Land. »Back to the Roots« hatte für mich mittlerweile eine ganz andere Bedeutung erhalten, als der Begriff vermuten lässt. Meine Heimat war jetzt dort, wo meine langjährigen Freunde lebten, die schwere Zeiten mit mir durchstanden hatten. Und obwohl das Rheinland zwar meine Ursprungsheimat war, hatte ich mich nach so vielen Jahren in Berlin ihr gegenüber in gewisser Weise einfach auch entfremdet. Das Leben hatte mich verändert.

Innerhalb von wenigen Wochen war ich wieder zurück in der Hauptstadt. Keine zwei Jahre nach meinem Umzug nach Köln kehrte ich zurück. Dieses Mal wohnte ich aber in Kreuzberg. Auch, um nicht in Friedrichshain leben zu müssen, wo ich vermutlich immer noch meinem Frollein-Palisander-Schild am Laden begegnet wäre. Und ähnlich wie bei meinem ersten Umzug nach Berlin lebte ich wieder in einer schlicht eingerichteten Altbauwohnung zur Zwischenmiete. Das war für mich mit meinen Schufa-Einträgen auch die einfachste Lösung, schnell eine Wohnung zu finden, da private Vermieter ja eben nicht die Dreifaltigkeit »Mietschuldenfreiheitsbescheinigung, Schufa und Einkommensnachweise« als Sicherheit brauchten. In solchen Mietverhältnissen verließ man sich eher auf eine Kaution und eine gute Menschenkenntnis. Wenn ich dann eine gewisse Weile dort gelebt hatte, konnte ich mich in Ruhe wieder auf die Suche auf dem offiziellen Wohnungsmarkt begeben. So wie ich in Köln mit meinem Vermieter Glück gehabt hatte, würde es mir dann hoffentlich auch bald in Berlin wieder ergehen. Die Suche würde jedoch sicherlich mehr Zeit als in Berlin in Anspruch nehmen, da zwischenzeitlich die Wohnungspreise explodiert waren. Das einstmals verhältnismäßig preiswerte Berlin hatte nun einen mit Köln oder München vergleichbaren Mietspiegel. Aber erst mal hatte ich jetzt für längere Zeit ein sicheres Dach in Kreuzberg über dem Kopf. Um meine eigene Bleibe würde ich mich dann alsbald kümmern. Jetzt war ich erst einmal wieder heilfroh, der nahezu unaushaltbaren Situation in Köln entkommen zu sein, und freute mich riesig auf meine langjährigen Freunde. Die Freude meiner Freunde über meine Rückkehr wiederum war genauso groß und ich fühlte mich richtig willkommen. Hier hatten im Gegensatz zu meiner Rückkehr nach Köln gefühlt noch alle auf mich gewartet. Ich war endlich mal wieder glücklich, fühlte mich aufgehoben und geborgen und fast ein wenig so, als wäre ich nie weg gewesen. Trotz großer Freude trug ich ja meine Vergangenheit, gerade die der gescheiterten Backshow und Planinsolvenz weiterhin auf meinen Schultern. Ich versuchte jetzt intensiv, die letzten Monate zu verarbeiten, las viele Bücher. Mit meinem Therapeuten hatte ich jetzt Telefonsitzungen, was ich sehr fortschrittlich und toll fand. Ich begab mich natürlich auch auf die Suche nach einem Therapeuten in Berlin. Aber da so etwas einfach auch dauert, war ich froh, mit ihm diese Zeit auf diese Weise überbrücken zu können. Nach einer Zeit der ersten Isoliertheit traf ich mich von Zeit zu Zeit mit Freunden und versuchte, wieder auf die Beine zu kommen. Ich bekam jetzt Antidepressiva verschrieben von einem Psychiater, die ich zuvor noch nie genommen hatte. Da ich aber eine so harte Zeit durch die letzten Jahre und Niederlagen hinter mir hatte, wollte ich alles ausprobieren, damit es mir bald besser ging und ich wieder arbeiten gehen konnte. Ich hatte jedoch nicht das Gefühl, dass mir diese Medikamente wirklich halfen. Nach mehreren Wochen bemerkte ich sogar, dass ich richtige Fressattacken und Stimmungsschwankungen bekam. Anscheinend die üblichen Nebenwirkungen eines Medikaments, das bei mir doch eigentlich für ein bisschen bessere Stimmung sorgen sollte. Aber immerhin besser als eine andere auf dem Beipackzettel angegebene mögliche Nebenwirkung: Suizid.

Ich selbst hatte noch nie einen solchen Versuch unternommen. Ich hatte mich zwar mal in schlimmen Phasen vor Jahren mit einem Teppichmesser in den Arm geritzt. Aber auch »nur«, um mich wieder zu spüren, nicht, um mir das Leben zu nehmen. Und sicherlich hat jeder von uns auf einer Allee mit Bäumen schon einmal darüber nachgedacht, was passiert, wenn er den Lenker einfach mal ein Stück nach links reißt. Es ist schon verrückt, wie schnell man seinem Leben ein Ende setzen kann. Und natürlich gab es die ganz schlimmen Momente, in denen ich mir genau das sehnlichst wünschte, aber ich dachte nie ernsthaft darüber nach, das auch umzusetzen. Ich wünschte mir eher so etwas wie eine Vorspultaste in meinem Leben, mit der ich nervige Szenen überspringen und an schönen Stellen weiterschauen konnte.

Stattdessen hatte ich aber nun das Gefühl, als hätte irgendwer nach meinem erneuten Rückschlag auf die Pause-Taste gedrückt. Nichts bewegte sich mehr. Die Planinsolvenz war gescheitert und das Geld meines Vaters, das Herr Müller treuhänderisch verwaltet hatte, war auf einmal auch nicht verfügbar. Er habe es auf ein Konto gelegt, an das er jetzt nicht rankomme, war seine ausweichende Antwort. Mein Vater und ich waren geschockt. Sollte uns etwa der eigene Berater über den Tisch gezogen haben? Wir nahmen uns sofort einen Anwalt. Dieser konnte aber auch nicht die sofortige Rückzahlung des Betrags erwirken. Offenbar hatte Herr Müller von unserem Geld Aktien gekauft, sich verzockt und stand nun selbst vor der Pleite. Bis Herr Müller den Betrag zurückzahlte, vergingen viele Jahre, und meine Insolvenz lag schon hinter mir. Somit standen zu der Zeit auch keinerlei Gelder mehr zur Verfügung, die für die Tilgung der Schulden hätten dienen können. Kurze Zeit später erfuhr ich, dass Herr Müller auch sein Mandat niedergelegt hatte. Ich vermutete zudem, dass er alle seine Akten und die seiner Mandanten vernichtet hatte, weshalb ich alle Unterlagen vom Frollein Palisander, trotz anwaltlicher Aufforderung, auch nie wiedergesehen habe. Ich lag also nicht nur am Boden, sondern wurde auch noch vom eigenen Berater betrogen und mit Füßen getreten. Als ich meinem Coach Stefan diese Informationen mitteilte, war er sichtlich geschockt. Er konnte sich das Verhalten des von ihm empfohlenen Beraters absolut nicht erklären. Ich war offenbar an ein gut getarntes Schlitzohr geraten, das meine Situation schamlos ausgenutzt hatte, um sich am Geld meines Vaters zu bereichern. Ich habe ihn jedoch nie angezeigt. Ich hatte genügend Kämpfe um die Ohren, und die Hauptsache war für uns, dass mein Vater das Geld irgendwann wiedersah. Auch wenn es eben viele Jahre dauerte.

Eigentlich konnte ich zu dieser Zeit erst mal gefühlt gar nichts tun. Außer wieder mich von den Strapazen der letzten

Monate zu erholen. Und zu backen. Damit fing ich im Frühjahr so langsam wieder an. Nach dem Desaster mit der Backshow hatte ich zunächst einige Zeit die Finger davongelassen. Doch nach der Ausstrahlung im Herbst erntete ich überraschenderweise eher Mitleid als Häme. Aber auch das half mir nicht über das Gefühl hinweg, mich mit Glanz und Gloria im deutschen Fernsehen als Heulsuse lächerlich gemacht zu haben.

Als sich durch den Geburtstag einer Freundin eine Möglichkeit zum Backen ergab, tat ich es endlich wieder. Ich traute mir langsam wieder etwas zu. Und verband mit dem Backen jetzt weder Druck noch Scham mehr.

Der Befreiungsschlag

An einem ereignislosen Tag im vierten Jahr meiner Insolvenz stieß ich bei meiner Reise durch die sozialen Netzwerke auf einen Veranstaltungshinweis, der mich neugierig machte. Ich wurde über einen Post auf eine Veranstaltung hingewiesen, bei der Menschen offen über ihr berufliches Scheitern sprachen. Ich googelte die Veranstaltung und sah, dass ein regelrechter Hype darum entstanden war. Auf der ganzen Welt gab es diese Veranstaltung offenbar schon. Das schien also wirklich etwas Großes zu sein. War es jetzt etwa in Mode, über sein berufliches Scheitern in der Öffentlichkeit zu sprechen? Was war passiert, dass dieses Tabuthema so viele Menschen begeisterte? Bewegten wir uns auch in Deutschland hin zu einer neuen Betrachtung unserer Fehlerkultur und ich hatte es noch nicht mitbekommen? Ich war positiv überrascht. Spontan kommentierte ich den Post dann mit den Worten: »Ach schau an, da hätte ich doch sicherlich auch was beizutragen.« Meine Reaktion war rein spontan und kam eher aus meinem Unterbewusstsein. Als der Veranstalter der Berliner Ausgabe daraufhin kommentierte, ich könne ihn hierzu gerne kontaktieren, musste ich schlucken. *Hui, na so war das jetzt auch nicht gemeint.* Das ging mir eindeutig zu schnell. Einmal nicht lange genug nachgedacht, und schon sah ich mich mit einer Aufforderung zu einem öffentlichen Auftritt konfrontiert.

Und doch: Einen Tag später schrieb ich dem Veranstalter Sascha eine E-Mail, in der ich ihm erzählte, worum es bei meinem Scheitern ging. Schon wenige Stunden später bekam ich eine Antwort von ihm mit der Frage, ob ich mich nicht mit ihm in ein paar Tagen treffen wolle, um ihm mehr darüber zu berichten. Da alles so schnell ging, blieb mir keine Zeit, um Zweifeln und Ängsten Raum zu geben. Ich sagte zu.

Wir trafen uns in einem netten Café. Mir gegenüber saß dann in den nächsten Stunden ein extrem netter Mensch, mit dem ich so einiges gemeinsam hatte. Er erzählte, dass ihm mein Name vom Kölner Musikmagazin her bekannt vorkomme, für das ich vor vielen Jahren als Praktikantin gearbeitet hatte. Da er selbst als Sänger eine Band hatte und ein Label besaß, das ich kannte, war das gut möglich. Er selbst war in großem Stil im Musikbusiness gescheitert und aufgrund dieser Erfahrung und eines eigenen Auftritts bei der Veranstaltung dazu übergegangen, die Veranstaltungsreihe in Berlin nun selbst aufzuziehen.

Er und sein Team standen aktuell mit dem vierten Event zwar noch am Anfang, aber die Resonanz wurde immer größer und besser. Er ließ mich meine Geschichte ausführlich erzählen und stellte interessiert Fragen. Danach erklärte er mir, wie der Ablauf an dem Abend funktioniere. Er fragte mich auch direkt, ob ich nicht nächste Woche auftreten wolle. Es fehle ihnen noch ein Sprecher. Außerdem sei es womöglich auch ganz gut, dass bis dahin nicht mehr viel Zeit war. Es würden nämlich auch häufiger Teilnehmer abspringen, da sie es kurz vorher doch mit der Angst bekamen. Der Schritt auf die Bühne und in die Öffentlichkeit sei eben nicht ohne. Gerade beim Thema Scheitern. Ich schluckte und spürte, dass es hier gerade sehr ernst und konkret wurde. Ich hatte jedoch bei Sascha und dem Event ein gutes Gefühl. Und wenn ich jetzt hier schon einmal saß und alles erzählt hatte, dann könnte ich die Gelegenheit auch direkt nutzen und Nägel mit Köpfen machen. Vielleicht tat es mir ja gut, mir die Dinge von der Seele zu reden. Vielleicht gab es mir auch den notwendigen Antrieb, meine Geschichte abzuhaken und mit neuem Mut durchzustarten. Ich fühlte in dem Moment unglaublich viel, das ich nicht zuordnen konnte. Aber es war ein großartiges Gefühl. Und ich sagte ihm verbindlich meine Teilnahme bei der Veranstaltung zu.

Am Abend erhielt ich von ihm per E-Mail eine Vorlage als Hilfe für meine PowerPoint-Präsentation. Es gab zwar auch Sprecher, die ohne das auskamen. Aber Sascha riet mir dazu, weil es mir das Sprechen erleichtern würde und den Zuhörern noch besser veranschaulichte, worum es bei meinem Scheitern ging. Ich machte mich direkt ans Werk und begann, meine Geschichte in eine Form zu bringen. Ich verließ mich dabei ganz auf meine Intuition. Ich sah mir weder Auftritte von anderen Sprechern an noch wollte ich wirklich Saschas eigene Präsentation zur Hilfe nehmen. Sowas lenkte mich immer ab. Dann verglich ich mich zu sehr und verlor den Bezug zu mir selbst.

Als ich schon eine grobe Gliederung erstellt hatte, fiel mir auf, dass ich kaum noch Bildmaterial vom Frollein Palisander hatte. Vor ein paar Jahren war mein Laptop abgeschmiert. Ich hätte die Daten sicherlich retten lassen können. Aber da ich damals weder das nötige Kleingeld hatte noch eine Notwendigkeit darin sah, die Bilder aus der Zeit meines Versagens aufzubewahren, schmiss ich das Gerät einfach weg. Erst jetzt, einige Jahre später, fiel mir auf, dass mir diese Fotos fehlten. Ich hatte jahrelang nicht das Bedürfnis gehabt, sie mir anzusehen, da ich immer noch alles sehr lebhaft im Kopf hatte. Jetzt aber brauchte ich wenigstens ein paar Beispiele, um den Zuhörern auch zeigen zu können, wie mein Laden aussah. Ich googelte mich selbst. Und war erstaunt, wie viel ich noch über mich fand, zum Beispiel sehr nette Erfahrungsberichte von Gästen. Bildmaterial gab es jedoch kaum. Aber das, was ich fand, musste ausreichen. Da fiel mir plötzlich ein, dass wir bei »Rock that Frollein« mit einer Polaroid-Kamera Sofortfotos gemacht hatten und ich mir Autogramme von den Künstlern darauf hatte geben lassen. Ich kramte in meinen alten Unterlagen – und fand sie auch direkt. Da lobte ich mir doch die gute alte analoge Kamera. Ich genoss es richtig, diese Präsentation zu basteln. Es war nicht einfach, aber ich konnte endlich wieder kreativ sein. Ich ging die Präsentation mehrfach durch, sprach sie mir aber nicht vor. Sowas fand ich immer total bescheuert. Das hatte ich schon in der Schule nicht gemocht. Das machte mich nur unnötig verrückt. Und aufgeregt war ich auch so schon genug. Denn obwohl ich gerne und viel redete, fühlte ich mich vor einem großen Publikum nicht so recht wohl. Selbst bei kleineren Referaten in der Klasse hatte ich schon früher Schwierigkeiten und mit extremer Nervosität zu kämpfen gehabt.

Was hatte mich da also jetzt geritten, unbedingt vor einer Menschenmenge von wahrscheinlich 200 Personen sprechen zu wollen? Es muss ein unterbewusster Impuls gewesen sein. Ein Ruf meiner Seele. Ich hatte das Bedürfnis, meine Geschichte in die Welt hinauszutragen. Ich hatte zwar auch schon mit Freunden oder meinem Therapeuten darüber gesprochen. Aber im Alltag hatte ich es immer vermieden, über mein Scheitern zu sprechen. Soweit es nicht nötig war, ging ich nicht damit hausieren, dass ich insolvent war. Aus meiner Sicht gab es nämlich auch wenig soziales Verständnis für Misserfolg. Scheitern war aus meiner Sicht weiterhin ein gesellschaftliches Tabuthema. Ich kannte niemanden, der gerne offen darüber sprach. Misserfolge, Schulden und Gerichtsvollzieher waren nun mal keine Themen, über die man mit seinem Nachbarn über den Gartenzaun hinweg sprechen wollte.

Vielleicht konnte ich mit der Teilnahme an dieser Veranstaltung sogar einen Beitrag dazu leisten, gesellschaftlich etwas an der Sicht auf das Scheitern zu ändern. Als Sozialwirtin sah ich schließlich nicht nur mich, sondern auch den gesellschaftlichen Kontext zu Scheitern und Fehlerkultur. Auch wenn ich mit den soziologischen Schwerpunkten meines Studiums bislang beruflich kaum gearbeitet hatte, sondern immer eher den betriebswirtschaftlichen mehr Raum gab, so schlug dennoch auch das Herz eines neugierigen Wissenschaftlers in mir. Auf jeden Fall hatte ich das Gefühl, bei einer guten Sache dabei zu sein und gleichzeitig noch etwas für mich selbst zu tun. Vielleicht könnte das alles eine Art Befreiungsschlag für mich werden.

Der Tag meines Auftritts rückte immer näher und meine Aufregung stieg. Zusätzlich zu meiner Rede hatte mich Sascha gefragt, ob ich nicht auch noch etwas backen könne. Man feiere, dass mittlerweile in 100 Städten auf der ganzen Welt über das Scheitern gesprochen werde. Und das Fernsehen wäre auch am Start. Was für mich hoffentlich ok sei? Hätte ich das vorher gewusst, hätte ich nach meinen Erfahrungen mit der Backshow vielleicht Nein gesagt. Andererseits wusste ich aber, dass dies hier keine Show, sondern lediglich die Dokumentation des Auftrittes war. Ich war also einverstanden. Mein innerer Druck wuchs indes ins Unermessliche. Da ich aber verbindlich zugesagt hatte, lenkte ich mich bis zum Auftritt mit dem Backen ab. Auf meine Torte war ich ganz besonders stolz. Ich hatte nicht nur mühsam das Veranstaltungslogo per Hand aus Fondant ausgeschnitten. Sondern auch noch aus Karamell kleine Scherben geformt und in die Schokoladentorte gesteckt. Ich kreierte hieraus einen kunstvollen Scherbenhaufen. Wenn das nicht die perfekte Torte zum Thema Scheitern war?

Der große Abend war da. Ich hatte die Torte, meine Präsentation stand, und ich selbst hatte mir ein neues Oberteil gegönnt, um nicht in den ewig gleichen abgetragenen Klamotten auf einer Bühne stehen zu müssen. Ich hatte einige meiner Freunde gefragt, ob sie mich bei diesem Auftritt unterstützen wollten. Ich war baff, wie viele es dann doch an einem Wochentag geschafft hatten, sich mit mir auf dieses Event zu begeben. Meine Freundin Bettina brachte ihren Freund mit und war sogar noch so nett, Fotos mit einer Profikamera für mich zu machen. Meine Studienfreundin Katja schaffte es ebenso wie einige meiner Freunde, die mich auch im Laden miterlebt hatten. Ebenfalls mit am Start war meine ganz neue Freundin Anna, die ich über eine alte Schulfreundin in Berlin kennengelernt hatte. Sie kannte mich erst seit Kurzem, war aber extrem offen und gespannt, mehr über mich zu erfahren, und brachte auch noch eine Bekannte mit. Nicht zu vergessen meine liebe Freundin Veronika und ihren Mann, die ich bei meinem Casting zur Backshow auf ihrer Hochzeit besuchte und die mich früher beide oft im Frollein Palisander besucht hatten. Ich hatte also eine schöne Truppe an Unterstützern an meiner Seite. Da ich erst als Zweite sprechen sollte, zog ich mich wie ein Boxer vor dem Kampf in einen der Hinterräume zurück. Mir fehlte zwar der seidene Bademantel mit Kapuze und meinem Namen auf dem Rücken gestickt. Aber ich fühlte mich dennoch wie Rocky Balboa und ging hoch konzentriert auf und ab. Mir gingen unzählige Dinge durch den Kopf, wobei sich mein innerer Diktator nicht lumpen ließ. *Was hast du schon zu erzählen? Wieso sollte das die Leute interessieren? Stell dich schon mal ein auf die Fragen danach! Dann siehst du alt aus!* So ging das immer weiter. Ich ignorierte ihn gekonnt und konzentrierte mich voll und ganz auf meinen Auftritt. Als ich an der Reihe war, stockte mir der Atem. Während ich von Sascha sowie einem anderen Veranstalter anmoderiert wurde, merkte ich, wie stark mein Herz schlug. Ich bekam schlecht Luft und hatte Angst vor einem Blackout. Ich war heilfroh, dass ich diese Präsentation dabei hatte. An ihr konnte ich mich jetzt entlanghangeln. Wir hatten ungefähr zehn Minuten Redezeit eingeplant. Die ersten Minuten waren holprig und ich war unglaublich nervös. Zwischendurch wäre ich am liebsten von der Bühne gerannt. Aber ich konnte mich, auch dank der

Hilfe des Moderators, wieder fangen. Als ich dann davon berichtete, wie mir der Strom im Frollein Palisander abgestellt worden war, herrschte Totenstille im Publikum. Alle lauschten mir gespannt und ich konnte diese Ruhe gar nicht einordnen. Langweilte ich sie oder fanden sie es gut? Das war einer der emotionalsten Momente in der ganzen Rede für mich. Zum Glück gab es aber auch einige Minuten später ein paar Lacher. Ich hatte ein Foto meiner misslungenen 3-D-Mopstorte aus der Backshow in die Präsentation gepackt. Als ich fertig war, erntete ich tosenden Applaus. Damit hatte ich nicht gerechnet. Ich sah die Begeisterung in den Augen der Menschen und war zu Tränen gerührt. Ich hatte mit allem gerechnet. Aber nicht damit, dass ich die Zuschauer mit meiner Geschichte so gut erreichen konnte. Nach einem kurzen Nachgespräch auf der Bühne folgten glücklicherweise keine Fragen vom Publikum mehr. Ich war fix und alle. Und überglücklich. Ich hatte es gewagt. Ich hatte in der Öffentlichkeit über mein Scheitern gesprochen und war, ohne mit Eiern beworfen zu werden, stolz von der Bühne gegangen. Ich ging kurz alleine vor die Tür, bestellte mir ein Hefeweizen und rauchte eine Zigarette. Das hatte ich mir jetzt verdient. Danach gab es keine Sekunde Ruhe mehr. Ich sprach noch viel mit meinen Freunden, den Veranstaltern und Zuschauern und erhielt sehr viel Lob und Anregungen. Es kamen sogar mehrere Journalisten auf mich zu. Es war ein rundum perfekter Abend. Kurze Zeit später ging der Ausschnitt meines Auftrittes online. Außerdem gab es einen Zeitungsartikel, in dem meine Scherbentorte zu sehen war. Viele weitere renommierte Medien berichteten zusätzlich online über diesen Abend. Ein voller Erfolg also. Der erhoffte Befreiungsschlag war es aber letztlich erst einmal nicht. Ich steckte ja immer noch in der Insolvenz fest und fühlte mich damit weiterhin nicht gut. Aber durch den Gang in die Öffentlichkeit hatte ich das Gefühl, endlich aus meinem Schneckenhaus der Scham und Selbstzweifel herausgekommen zu sein.

Ich fand langsam wieder die Kraft, vom Boden, auf dem ich lange genug gelegen hatte, aufzustehen. Durch diese Veranstaltung begann ich, endlich wieder aufrecht zu stehen. Um mich aber vorwärts vom Fleck fortbewegen zu können benötigte ich weitere Starthilfe.

Ich begann also, mich intensiver mit meiner Zukunft auseinanderzusetzen. Ich organisierte mir über das Jobcenter erneut ein individuelles Coaching. Dieses Mal sollte es noch gar nicht konkret um Berufswünsche gehen, ich brauchte einfach jemanden, der mir half, wieder auf die Beine zu kommen. Ich nahm wieder Kontakt zu meinem Coach Stefan auf, der jetzt in einem anderen Institut als früher arbeitete. Nach einem Vorgespräch mit dem dortigen Geschäftsführer wurde ich allerdings einem anderen Berater zugeteilt, der ganz anders war als Stefan. Viel provokativer. Vermutlich hatte er mich dem neuen Berater zugewiesen, weil er mir dadurch helfen wollte, durch einen neutraleren Berater neue Sichtweisen auf meine Vergangenheit zu erhalten. Bei dem neuen Coach erhielt ich ungewollt eine Art Rundumtherapie, bei der ich sehr viele Tränen lies. Vielleicht war das gut. Trotz meiner Depression hatte ich in den letzten Monaten und Jahren wenig geweint – ich hatte mich einfach nur schrecklich leer gefühlt. So leer, dass ich nicht einmal mehr Tränen hatte. Über ein halbes Jahr war ich von nun an in der Betreuung dieses Beraters. Ähnlich wie mein Auftritt auf dem Event zum Scheitern öffnete diese Zeit einige Schleusen in mir. Ich erkannte immer besser, wer ich war, was ich im Leben brauchte und was nicht. Aber auch, wodurch ich mir selbst im Weg gestanden hatte. Bislang hatte ich an einigen Stationen meiner Vita bewiesen, dass ich es in manchen Situationen vielleicht zu lange und in anderen womöglich nicht lange genug ausgehalten hatte. Zu lange hatte ich es für meine Begriffe bereits beim Jobcenter ausgehalten. Die Abhängigkeit vom Staat war nichts, was mir auf Dauer guttat. Nur, wie sollte ich es schaffen, mich von denen zu befreien, wenn ich mich so lange in einem desolaten Zustand befunden hatte und mir noch immer nicht zutraute, beruflich wieder auf eigenen Beinen stehen zu können?

Im Gegensatz dazu hatte ich es beispielsweise nicht lange genug bei der letzten Anstellung im Außendienst in Köln nach meinem Rauswurf bei der Backshow ausgehalten. Dort hätte ich mich vielleicht nach einer mehrmonatigen Auszeit wieder neu aufstellen und weiterarbeiten können, wenn ich noch offener mit den Geschäftsführern über meine Probleme gesprochen hätte. Sie wussten zwar, dass ich insolvent war, aber nicht, was das zu der Zeit gerade in Bezug auf die gescheiterte Planinsolvenz für mich bedeutete. Stattdessen zog ich wieder zurück nach Berlin und hoffte auf die Reset-Taste in meinem Leben. Ich suchte demnach die Veränderung öfter durch Maßnahmen im Außen wie beispielsweise durch Umzüge, anstatt in meinem Inneren die Ursachen für die Blockaden zu finden. Wir stellten fest, dass das Thema »Aushalten« ein Kernthema in meiner Entwicklung sein würde. Hierbei spielte aber vor allem das richtige Maß eine Rolle. In diesem Zusammenhang spielte auch der Begriff »Resilienz« eine große Rolle. Unter diesem Fachbegriff findet man heutzutage unzählige Artikel im Internet, gerade im Zusammenhang mit dem Thema Scheitern. Resilienz wird als psychische Widerstandskraft definiert. Sie entspricht der Fähigkeit, schwierige Lebenssituationen ohne anhaltende Beeinträchtigung zu überstehen. Anhand des Ausbaus dieser Fähigkeiten sollte ich in Zukunft besser einschätzen können, wann die Zeit für Angriff oder Flucht gekommen war. Oder wann es an der Zeit war, andere Verhaltensstrategien umzusetzen, um in Ruhe nach einer anderen Lösung zu suchen. Am allerwichtigsten für meinen weiteren Werdegang sollte jedoch werden, mir nicht weiter selbst den Mantel des Versagens überzustülpen. Das ist vor allem dann möglich, wenn man einen gewissen Abstand zum Geschehen aufbauen kann, indem man den Wert seines Inneren nicht von den Ereignissen abhängig macht. Ich hatte mich jahrelang, ohne es zu wissen, durch meinen inneren Diktator selbst verurteilt. Und genau diese Selbstverurteilung hatte mit dazu beigetragen, dass ich in solche teils unaushaltbaren emotionalen Zustände gelangt war, aus denen ich mich reflexartig befreien musste, um mich selbst vor einer zu großen Welle der weiteren Selbstsabotage zu retten.

Diese Erkenntnisse wollte ich mit auf meine weitere Reise in eine unbekannte Zukunft nehmen. Ich war gestärkt durch die Erfahrungen in diesem Jahr. Und machte mich auf den Weg zurück in mein Leben.

Die flotte Rita

Mit dem Auftritt bei der Veranstaltung über mein Scheitern wurden nicht nur in mir, sondern auch medial einige Steine ins Rollen gebracht. Durch die Veröffentlichung des Mitschnitts meiner Rede und der Beiträge diverser Printmagazine erhielt ich im laufenden Jahr nach und nach immer wieder Anfragen für Interviews. Meine wahrscheinlich aufregendste Anfrage war zu der Zeit ein Auftritt in einer renommierten Talkshow, geleitet von einer sehr sympathischen Journalistin. Einer Frau, die es gewohnt war mit Politikern zu debattieren, sollte mich, Lieschen Müller, interviewen! Ich hatte richtig Bammel – und sagte zu. Bei den ausführlichen Vorinterviews mit einer tollen Redakteurin verlor ich meine Zweifel. Und nach der Aufzeichnung war ich unglaublich stolz und dankbar, mich meinen Ängsten gestellt zu haben. Ich hatte mich also erneut in der Öffentlichkeit ehrlich zu den Schattenseiten meines Scheiterns geäußert und konnte damit hoffentlich auch anderen Betroffenen Mut machen, offener damit umzugehen. Dieses Mal bin ich durch die beliebte Talkshow sogar noch einen Schritt weiter gegangen. Statt 200 Zuschauern erreichte ich jetzt ein Millionenpublikum. Natürlich gab es nach der Ausstrahlung der Sendung sehr unterschiedliche Reaktionen im Netz auf mich. Ich erhielt Lob über soziale Netzwerke. Aber auch direkte Hass-E-Mails. Ich las die verächtlichen Worte sogar noch, aber anstatt darauf einzugehen, löschte ich sie einfach. Wie durch ein Wunder konnten mich diese teilweise sehr verletzenden Aussagen nicht im Kern erschüttern. Schließlich war mein innerer Diktator schon seit Jahren viel schlimmer und unverschämter zu mir als jeglicher Hassbriefschreiber. Das half mir enorm, auch mit den öffentlichen Reaktionen entspannt umzugehen. Ich wusste jetzt, wer ich war. Ich musste mich nicht mehr verstecken oder mich für meine begangenen Fehler schämen. Und ich begann, mich nicht mehr ausschließlich nur als Versagerin zu definieren.

Eines Tages erhielt ich den Anruf einer TV-Produktionsfirma. Eine Mitarbeiterin kontaktierte mich mit der Info, man habe mich im Zuge der Recherchen zum Thema Scheitern im Internet gefunden. Statt um ein Interview über mein Scheitern ging es nun allerdings um eine Teilnahme in einer Reality-Dokumentation für einen Privatsender. Man plane eine Sendung mit einem wohlhabenden Mentor, der sich um junge Geschäftsleute kümmert, die Starthilfe brauchen. Aufgrund seines eigenen erfolgreichen Werdegangs wollte er Gründer unter seine Fittiche nehmen und ihnen mit wertvollen Tipps zum Durchstarten verhelfen. »Arbeiten Sie vielleicht gerade an einer neuen Geschäftsidee?« Ich musste nicht lange nachdenken. Im letzten Jahr war tatsächlich mein Wunsch wieder aufgekeimt, irgendwann mal wieder in die Selbstständigkeit zu gehen – allen schlechten Erfahrungen zum Trotz. Ich erzählte, dass ich leidenschaftlich gerne für Freunde und Bekannte Torten backte. Und dass ich mir vorstellen könne, damit auch beruflich in Zukunft erfolgreich zu werden. Nur wusste ich noch nicht genau wie.

Also sagte ich zu.

Wenige Wochen später lernte ich den Mentor kennen. Auf derselben Veranstaltung zum Thema Scheitern wie in Berlin trat ich nun neben ihm und zwei anderen Sprechern in Leipzig auf die Bühne. Dieses Mal war ich zum Glück relaxter als beim ersten Mal. Meine Nervosität war zwar immer noch da, meine Scham über das Scheitern war mittlerweile aber geringer geworden. Durch meinen Auftritt knapp zwei Jahre zuvor hatte ich ja bereits öffentlich die Hosen heruntergelassen. Und es war mehr als positiv für mich gewesen. Was sollte mir also jetzt schon groß passieren? Dieses Mal sprach ich auch viel ruhiger und entspannter und konnte sogar durch meine eigene, mittlerweile viel distanziertere Sicht auf das Geschehen, die Zuschauer häufiger zum Lachen bringen. Meine Rede war ein voller Erfolg. Ich erntete wieder viel Applaus und ging glücklich von der Bühne.

Am darauffolgenden Tag besuchten mich der Mentor und seine Frau zu Dreharbeiten in meiner privaten Wohnung. Es war ein seltsames Gefühl, einen Multimillionär in meine kleine Zweizimmerwohnung einzuladen. Er war sicherlich ganz andere Dimensionen gewohnt. Als er in den fünften Stock hochächzte und fragte, ob man denn beim Bau den Fahrstuhl vergessen habe, mussten wir alle lachen. Das Eis war gebrochen. Ich hatte ihm eine Torte mit einem selbst modellierten Donald Duck obenauf gebacken. Allein schon für die Ente hatte ich fast sechs Stunden benötigt. Eigentlich hätte ich ja auch einfach eine kleine Spielzeugfigur obenauf setzen können. Aber ich wollte zeigen, was ich konnte, und sein Lob gab mir recht. Ich war froh, diese Zeit investiert zu haben.

Wir unterhielten uns über die Möglichkeiten, die ich mit meinem Talent für das Backen hatte. Statt der klassischen Gastronomie schlug er mir einen Foodtruck vor. Ich fand diese Idee sehr spannend. Leider blieb uns wenig Zeit, detaillierter darauf einzugehen, da wir kurze Zeit später noch ins Frollein Palisander fuhren, in dem ja nun das Mode-Start-up seit einigen Jahren erfolgreich war. Ich war das erste Mal wieder im Laden, seitdem ich die Tür hinter mir zugezogen hatte.

Es hatte sich zum Glück einiges verändert. Der Tresen war rausgerissen. Tims mühevoll gepinselter Fußboden mit Spanplatten überdeckt. Aber die goldenen Backsteinwände hatten sie behalten. Es war ein wirklich seltsames Gefühl für mich, wieder dort zu sein und zu sehen, was sich verändert hatte. Auch wenn es schon so viele Jahre her war und ich durch den Dreh in dem Moment abgelenkt war, kamen viele alte Gefühle und Erinnerungen wieder hoch. Der Mentor sagte später im Interview über mich, dass er meine Traurigkeit über den Verlust meines Geschäfts nicht verstehen könne. Ich hielte mich daran fest wie ein Kind an seinem Schnuller. Er hatte womöglich recht. Ich hatte mich viele Jahre, sicherlich auch bedingt durch die Insolvenz, nicht von dem deprimierenden Gedanken lösen können, dass aus meinem Traum nichts geworden war.

Als letzten Programmpunkt besuchten wir am Ende des Tages noch eine sehr bekannte Gastronomin und Backbuchautorin. Ich kannte sie aus dem Fernsehen und hatte sogar selbst nach Rezepten von ihr gebacken. Ich war extrem gespannt und erfreut, diese erfolgreiche Frau selbst kennenlernen zu dürfen. Im Gespräch mit ihr und dem Mentor wurde ich mit der Realität konfrontiert. Es war seltsam und spannend zugleich, wie zwei Menschen, die mich gar nicht kannten, meine Probleme so einfach auf den Punkt bringen konnten. Allein anhand meiner kurzen Erzählungen über mich und meinen Laden stellten sie fest, dass ich auch heute immer noch zu leicht über die Steine, die mir in den Weg gelegt wurden, stolperte. Als Selbstständige müsse man lernen, über diese Steine zu springen. Oder gar zu fliegen. Jetzt kam ich mir in ihrer Gegenwart wirklich vor wie ein kleines Kind, das seinem verlorenen Schnuller hinterherweinte. War ich also einfach nur nicht tough genug gewesen, um als Businessfrau zu bestehen? Waren viele meiner Probleme im Frollein Palisander damals ganz alltägliche Hürden gewesen, mit denen erfolgreiche Menschen nur klüger umgingen als ich? Ich war zutiefst berührt und ließ diese konstruktive Kritik auf mich wirken.

Monate später bei der Ausstrahlung sah ich, wie der Mentor noch über mich sagte, dass er mir natürlich leicht mithilfe seines Vermögens hätte helfen können, meine Insolvenz zu verkürzen. Oder mir ein Startkapital zur Verfügung hätten stellen können für ein neues Business. Stattdessen aber war es ihm ein Anliegen, mir mit guten Ideen und Tipps beizustehen, damit ich mir selbst helfen konnte. Dafür bin ich ihm im Nachhinein unglaublich dankbar, auch wenn ich natürlich nach dem Dreh erst einmal ein wenig enttäuscht war. Wann hatte ich schon mal die Gelegenheit, einem Menschen zu begegnen, der meine Schulden fast schon aus seiner Portokasse begleichen konnte und mir zusätzlich noch finanziell zu einem Neustart hätte verhelfen können?

Ich akzeptierte aber, dass es diesen Erlöser für mich momentan nicht gab. Ich musste mir selbst Flügel zulegen, mit deren Hilfe ich ein Business aufziehen und über eventuelle Hindernisse fliegen konnte. Ich fragte mich: »Bin ich schon wieder stark genug, um aus dem Nest zu springen, meine Flügel auszuspreizen und mich im Fliegen zu üben?«

Die Antwort darauf erhielt ich wenige Monate später, als mich dieselbe Produktionsfirma für ein weiteres TV-Vorhaben kontaktierte. Den Dreh mit mir hatte man als sehr positiv wahrgenommen, und nun hatte die Firma ein weitere Reality-Dokuformat am Start, bei dem es wieder um junge Gründer gehen sollte. Dieses Mal ausschließlich um weibliche und wieder von einer prominenten Mentorin begleitet, die selbst eine erfolgreiche Geschäftsfrau sei. Man wolle das Interesse an Start-ups, das durch viele neue Formate im Fernsehen unverkennbar war, durch ein Format erweitern, bei dem es ausschließlich um Frauen und deren Art zu gründen gehen würde. Starke, männliche Businessfaktoren wie Mut, Risikobereitschaft oder Durchsetzungsfähigkeit sollten weichen, weiblichen Faktoren wie Intuition oder emotionaler Intelligenz in nichts nachstehen. Das klang für mich mehr als spannend, da ich mich selbst zwar nicht als Feministin bezeichnen würde, jedoch gerne dazu beitragen wollte, dass sich auch vermehrt Frauen trauen sollten, sich selbstständig zu machen. Wenn wir uns im Vergleich zu Männern bei Gehaltsverhandlungen immer noch überdurchschnittlich oft unter Wert verkauften, mussten wir nicht auch noch als Selbstständige unterrepräsentiert sein. Interessanterweise hatte ich in meiner Berufserfahrung viele weibliche Chefs in Cafés gehabt. Es war also nicht so, dass ich keine anderen Frauen kannte, die erfolgreiche Unternehmerinnen waren. Vermutlich hing das im Bereich der Gastronomie aber auch damit zusammen, dass das Bewirten von Menschen auch etwas Umsorgendes beinhaltet, was Frauen aufgrund ihrer Sozialisation oder ihrer Rolle als Mutter leichter fällt als Männern.

War diese Sendung meine Chance, mich beruflich neu zu etablieren? Mich vielleicht sogar mit prominentem Rückenwind in neue Sphären befördern zu lassen? Durfte ich endlich meine Flügel ausbreiten und losfliegen?

Ich sah die Anfrage als Zeichen des Himmels an und sagte meine Teilnahme zu. Ich erhoffte mir dieses Mal jedoch etwas mehr als ein paar gute Ratschläge und Erkenntnisse wie beim Mentor zuvor. Immerhin sollte die kommende Sendung nicht wie die andere nur als Pilot zu nächtlicher Sendezeit ausgestrahlt werden. Nein, dieses Format war von Anfang an auch vom Sender aus mit wirklich hohen Zielen besetzt. Einer sehr prominenten Mentorin, einer besten Sendezeit zur Primetime, bis zu acht Folgen sowie Fotoshootings, Werbekampagnen und und und. Ich war damals nicht die einzige Gründerin, die sich deshalb auch ausmalte, dass wir eventuell sogar ein gewisses Startkapital bekämen, oder dass die Mentorin uns über ihre Kontakte zu Geldgebern verhelfen könnte, an die wir selbst nie herangekommen wären. Ich hatte zu der Zeit keine Ahnung davon, was mich erwartete. Ich konnte nur mutmaßen und versuchte, meine Hoffnungen aufgrund der bisherigen Erfahrungen so bescheiden wie möglich zu halten. Aber manchmal gingen die gedanklichen Pferde mit mir durch, und ich erträumte mir, kurz vor Ende der Insolvenz vielleicht doch noch meine Schulden durch mein erfolgreiches Unternehmen abbezahlen zu können. Es belastete mich weiterhin, dass es mir in den Jahren der Insolvenz kaum gelungen war, den Schuldenberg abzutragen. Obwohl mir klar war, dass mir die Schulden am Ende der Insolvenz erlassen werden würden, so war ich mir dessen auch bewusst, dass dies dennoch mithilfe eines Rechtsbeistands einfacher werden würde. Nachdem am Anfang ja bereits ein Firmenwagen fälschlicherweise als mein Eigentum angesehen wurde, wollte ich auf Nummer sicher gehen zum Ende hin. Denn, was viele Menschen nicht wissen, ist, dass die sogenannte Restschuldbefreiung keine Selbstverständlichkeit am Ende einer Insolvenz ist. Einfach gesagt, ist man am Ende nicht zwangsläufig, ähnlich wie im Gefängnis,

»freigesprochen«, nur weil man die Zeit »abgesessen« hat. Zum Ende einer jeden Insolvenz muss man sich selbst um die Erteilung der Restschuldbefreiung kümmern. Und sich bis dahin »um gute Führung« bemüht haben. Da die Definition, was genau gute Führung ist, großes Fachwissen um die Gesetzmäßigkeiten im Insolvenzrecht voraussetzt und das hier zu ausufernd wäre, kann vereinfacht gesagt werden: Wer keine neuen Schulden aufgebaut, immer alle Einnahmen angegeben hat und sich auch sonst nichts hat zuschulden kommen lassen, der hat am Ende gute Chancen darauf, nach der Insolvenz offiziell komplett schuldenfrei zu sein. Die Schufaeinträge aber bleiben auch nach der Restschuldbefreiung noch weitere drei Jahre bestehen, wenn auch mit dem Vermerk »erledigt«. Aber wer nach einer durchstandenen Insolvenz denkt, er sei nun nicht mehr gebrandmarkt, der muss lernen umzudenken. Die darauffolgenden drei Jahre können als eine Art Bewährungsstrafe angesehen werden. Man soll dadurch daran gehindert werden, neue Schulden aufzubauen – eine Art Schutzfunktion. Man wird aus meiner Sicht aber letztlich einfach nur weiter vom normalen Geschäftsleben abgeschnitten. Das Eröffnen neuer Konten, das Abschließen neuer Handyverträge, das Anmieten einer Wohnung und vieles mehr. sind danach immer noch kaum oder unter erschwerten Bedingungen möglich. Insofern würde ich also insgesamt fast zehn Jahre mit den Auswirkungen meines Insolvenzantrages konfrontiert sein und nicht nur sechs wie weitläufig bekannt.

Nachdem meine Zusage zur Sendung nun feststand, war das Einzige, das ich noch benötigte, eine solide Geschäftsidee. Um nicht ganz auf mich alleingestellt an dieses Projekt heranzugehen, organisierte ich mir ein erneutes Coaching beim Jobcenter. Dieses Mal endlich wieder bei meinem Lieblingsberater Stefan. Ich erzählte ihm, wie sehr mir das Backen ans Herz gewachsen sei, dass ich nicht wieder Kredite aufnehmen wolle und könne und dass ich mich auch ungern wieder an einen Laden mit hohen Fixkosten binden wolle. Ich erzählte ihm von der Idee eines eigenen Foodtrucks, die bei meinem Gespräch mit dem Mentor aufgekommen war. Meine Produktpalette im Truck sollte natürlich auch meine Leidenschaft für das Backen entsprechend widerspiegeln. Ich hatte zwar kein Geld, mir ein solches Gefährt zuzulegen, aber ich konnte mir sehr gut vorstellen, über Sponsoring oder Crowdfunding an einen Foodtruck zu gelangen. Ich wäre dann mobiler, was auch meinem Wunsch nach Abwechslung und Freiheit zugutekäme. Und außer Versicherungskosten und vielleicht noch einem Stellplatz hätte ich wenig fixe Kosten. Stefan fand meine Idee gut und bezeichnete sie als Schritt in die richtige Richtung. Die Schwierigkeiten sah aber auch er hauptsächlich in den Anschaffungskosten des Trucks.

Parallel zu diesem Findungsprozess im Coaching begannen die Dreharbeiten für das Gründerinnenformat. Ich sollte ein halbes Jahr bei der Realisierung meiner Geschäftsidee begleitet werden. Keine allzu lange Zeit für die Gründung eines Geschäfts, aber je schneller, desto besser. Ich war ja noch nie ein Freund von allzu langwieriger Vorausplanung gewesen, sondern sah meine Stärke gerade darin, dass ich die Dinge schnell anpackte. Aber mit dem Wissen, gerade mal ein halbes Jahr Zeit für die Realisierung zu haben, fühlte ich mich auch gleichzeitig unter Druck gesetzt. Beim Frollein Palisander hatte ich immerhin ein Jahr Planungszeit gehabt. Ich hoffte, dass die bereits gesammelten Erkenntnisse des Coachings der letzten Jahre mir meinen Schnellstart erleichtern würden.

Nach einem Drehtag, der mich erst mal als Person dem Zuschauer vorstellen sollte, stand direkt das große Aufeinandertreffen aller Gründerinnen bei der Mentorin an. Hierbei sollten wir ihr unsere Geschäftsidee unterbreiten und hatten die Möglichkeit, uns auch untereinander kennenzulernen. Ich bereitete mich sehr methodisch auf diesen Termin vor. Stefan half mir bei der Kalkulation und möglichen Einwänden, die gegen mein Vorhaben sprechen konnten. Ich versuchte, alles zu berücksichtigen und mich ebenso professionell wie auf mein Gespräch bei der Bank damals für das Frollein Palisander vorzubereiten. Ich hatte es ja mit einer erfahrenen Businessfrau zu tun. Vor ihr wollte ich wirklich nicht wie eine Versagerin dastehen. Ich gestaltete eine tolle Mappe, in der ich eine Rundumübersicht aus Zahlen, Fakten und Bildern darbot. Als i-Tüpfelchen hatte ich noch die Idee, eine 3-D-Foodtruck-Torte für diesen Termin zu backen. Ich wollte neben den Fakten natürlich auch mit meinen Backkünsten überzeugen und gegenüber meinen Mitstreiterinnen hervorstechen. Das Sendeformat war zwar nicht auf einen Wettkampf ausgelegt. Aber wenn es darum ging, eine Mentorin von mir und meiner Geschäftsidee überzeugen zu wollen, nutzte ich jeden Trumpf, den ich ausspielen konnte.

Das Aufeinandertreffen bei der Mentorin verlief wirklich super. Es war zwar ein durchgetakteter, stressiger Drehtag mit mehreren Kamerateams, aber ich hatte das Glück, dass ich durch meine Torte, die ohne Kühlung nicht stundenlang im Raum stehen konnte, als Erste drankam. Ich war als Erstes extrem beeindruckt von ihrem tollen Altbaubüro in Berlins bester Geschäftslage. Wow, sie hat echt etwas geschafft. Ich konnte mir nicht vorstellen, dass ich mir solche Räumlichkeiten jemals leisten konnte. Mehr noch war ich aber von ihr als Geschäftsfrau und ihrer Art angetan, an mich und mein Projekt heranzugehen. Sie war sehr flexibel, offen und vermittelte mir das Gefühl, dass ich es schaffen konnte. Sie gab mir wertvolle Tipps, äußerte ihre Bedenken und gab mir Hausaufgaben mit auf den Weg. Insgesamt betrachtet, fand sie, dass mein Vorhaben alles andere als eine Schnapsidee war, sondern dass ich lediglich ein wenig Finetuning für meine Grundidee bräuchte. Hier legte sie den Fokus eher auf die notwendigen Alleinstellungsmerkmale meiner Produkte als auf die zu erwartenden Schwierigkeiten in der Anschaffung des Trucks. Ich war über so viel Zuspruch glücklich und gleichzeitig erstaunt und machte mich nach einem langen und anstrengenden Drehtag beseelt auf den Heimweg.

Als ich nach einem halben Jahr merkte, dass die Dreharbeiten noch lange nicht beendet waren und ich bis dato leider noch keine Hilfe von der Mentorin erhalten hatte außer durch das Treffen, geriet ich ins Grübeln. Mir wurde bewusst, dass die Sendung nicht darauf ausgelegt war, mir so zu helfen, wie ich es mir erhofft hatte. Auch bei diesem Format ging es eher darum, zu sehen, wie ich mir selbst half. Die Mentorin würde keine Autofirma für mich kontaktieren, die mir daraufhin einen Foodtruck mit Schleife vor die Tür stellen würde. Ich merkte, wie die Enttäuschung in mir hochstieg. Ich wusste, dass meine Sache aussichtslos war, wenn ich keine Unterstützung von außen erhielt. Und wofür machte ich denn bei einer solchen

Sendung mit? Meine Mitstreiterinnen berichteten von ähnlich enttäuschenden Erlebnissen. Wir hatten eine WhatsApp-Gruppe gegründet, in der wir uns intensiv austauschten. Das gab mir ein gutes Gefühl, weil ich mich dieses Mal mit meinen enttäuschten Hoffnungen nicht so allein gelassen fühlte. Wir Mädels gaben uns gegenseitig Kraft und entwickelten somit genau die Gründerinnenpower, die das Format erreichen wollte. Nur bekam das keiner mit außer uns selbst.

Nach einigen weiteren Drehs, bei denen ich zwar meine Hausaufgaben erledigte und dennoch merkte, dass nichts voranging, wusste ich, dass ich etwas ändern musste. Ich hatte die Wahl. Ich konnte mich dabei begleiten lassen, wie ich Klinkenputzen ging in der Hoffnung, dass mir jemand einen Foodtruck finanzierte. Oder ich konnte einen Plan B verfolgen. Das war für mich abermals eine sehr schwierige Zeit. Ich wollte mich nicht schon wieder vor einem Millionenpublikum lächerlich machen, indem ich öffentlich scheiterte, weil ich mein Ziel nicht erreichte. Also musste ich meine Flexibilität und meinen Geschäftssinn unter Beweis stellen. Für mich war klar, ich wollte am Ende der Sendung mit einem Erfolg dastehen.

Der Winter kam. Drehtage blieben aus. Es herrschte allgemeine Stagnation und Ratlosigkeit bei allen Beteiligten. Die Dreharbeiten dauerten nun schon ein Dreivierteljahr, und es war kein Ende in Sicht. Ich beriet mich mit Stefan. Aber auch er hatte keine perfekte Lösung für mich parat.

Über Bekannte erfuhr ich in der Zeit durch einen Zufall, dass die Inhaberin eines kleinen Cafés in Friedrichshain eine Nachfolgerin für ihr Café suchte. Das war ja genau das, was ich *nicht* wollte. Wieder ein Café. Wieder in Friedrichshain unweit meines alten Ladens. Ich war skeptisch, ließ mich aber darauf ein, mir das Objekt wenigstens mal anzusehen und mich mit der Inhaberin Simone zu unterhalten. Da es für mich zu dieser Zeit in Bezug auf den Foodtruck keinen Schritt voranging, war ich trotz Zweifeln offen für eine andere Option.

In der Tat war der Laden gar nicht so übel. Er war zwar extrem winzig mit einer Gesamtgröße von gerade einmal 20 Quadratmetern, hatte aber Charme genauso wie die Besitzerin. Sie erzählte mir, dass sie den Laden vor gut zwei Jahren ganz allein eröffnet habe und in erster Linie Eis, Kaffee und Kuchen anbiete. Da sie jetzt Mutter geworden war, schaffte sie es nicht mehr, den Laden alleine weiterzuführen. Zwar hatte sie Freunde, die ihr ab und an im Tagesgeschäft aushalfen, aber auf Dauer war das für sie keine Lösung. Vor allem auch, da sie bald ins Umland ziehen wollte und dann auch nicht mehr in direkter Ladennähe lebte, was, wie ich ja selbst aus eigener Erfahrung wusste, eine wichtige Voraussetzung war. Mit Kind konnte sie nicht täglich auch noch fast drei Stunden Fahrtzeit hin und zurück auf sich nehmen. Ich erzählte ihr von meiner Teilnahme an dem Gründerinnenformat und auch davon, dass ich gerade dem Ende meiner Insolvenz entgegensah. Ich spielte von Anfang an mit offenen Karten. Ich erzählte ihr, dass ich vor Jahren gescheitert sei, Schufaeinträge hätte und über keinerlei Eigenkapital verfügte. Allerdings stand ich kurz vor der voraussichtlichen Restschuldbefreiung und hatte in den letzten Jahren sehr viel dazugelernt. Ich packte also alle harten Fakten auf den Tisch. Und profitierte nun sogar von meiner ehrlichen Art und schonungslosen Offenheit.

Kurz nach dem Gespräch mit Simone im Laden und der Nachbesprechung mit Stefan wusste ich nämlich, dass ich es wieder tun würde. Ich würde mich wieder mit einem eigenen Laden statt eines Foodtrucks selbstständig machen.

Meine Motivation war in dieser Zeit aber eine andere als noch fast zehn Jahre zuvor. Wo damals noch der große Traum vom eigenen Laden mein gesamtes Herzblut zur Wallung brachte, hatte ich jetzt andere Beweggründe. Der Laden war jetzt keine solche Herzensangelegenheit mehr, sondern vielmehr Mittel zum Zweck. Ich wollte mir hauptsächlich beweisen, dass ich es besser machen konnte als damals. Ich wollte vor allem endlich das alte Gefühl des Versagens loswerden. Und ich wollte im Rahmen der Sendung einfach auch ein vorzeigbares Projekt in der Hand haben. Das mag vielleicht etwas abgefuckt klingen. Aber nach so vielen Jahren, in denen ich unter dem Scheitern meines großen Traums gelitten hatte, konnte vermutlich ein wenig Pragmatismus nicht schaden. Aus der Sendung aussteigen wollte ich auf gar keinen Fall, auch wenn das sicherlich einfacher als in der Backshow möglich gewesen wäre. Ein erneutes Scheitern vor aller Augen in der Öffentlichkeit war das Letzte, was ich jetzt wollte. Ich hoffte einfach, dass ich durch meine Erfahrungen mit dem Frollein Palisander dazugelernt und durch das bereits eingeführte Café ein Objekt gefunden hatte, das ich dank der Mentorin noch ein Stück weiter zum Erfolg führen konnte.

Wenige Monate nach der erfolgreich erteilten Restschuldbefreiung, übernahm ich den Laden von Simone. Zuvor hatte ich mir noch einen Anwalt genommen, der die Erteilung der

Befreiung erfolgreich in die Wege geleitet hatte. Ich konnte es kaum glauben. Nach so vielen Jahren der Überwachung durch den Insolvenzverwalter war ich nun offiziell schuldenfrei. Und alles Geld, das ich in Zukunft verdiente, durfte ich behalten. Als die Mitteilung vom Amtsgericht über das offizielle Ende meiner Insolvenz im Briefkasten lag, rannte ich jubelnd in den fünften Stock und informierte meine Eltern und Freunde darüber. Wirklich erleichtert fühlte ich mich dennoch noch nicht. Zu lange war die Zeit gewesen, in der ich unter dem Druck der Insolvenz gestanden hatte. Erst heute, mehrere Jahre später, spüre ich in mir das Gefühl der Befreiung langsam aufkommen. Vermutlich werde ich mich erst dann absolut frei fühlen, wenn am Ende auch endlich alle Schufaeinträge dazu komplett gelöscht sind und niemand mehr ersehen kann, dass ich jemals insolvent war, wenn ich einen neuen Mietvertrag abschließen möchte.

Mit der Restschuldbefreiung und der Zusage für den Laden teilte ich der Mentorin meine geänderte Geschäftsidee mit. Sie hatte volles Verständnis dafür, dass ich mich gegen den Foodtruck entschieden hatte, weil die Investitionskosten doch relativ hoch gewesen wären. Im Gegensatz dazu kostete der neue Laden fast nichts. Anders als damals mit dem Frollein Palisander pachtete ich das Objekt nämlich. Das heißt, ich mietete das komplette Inventar und zahlte dafür eine etwas höhere Grundmiete. Dafür hatte ich aber kaum Investitionskosten. Als Ablöse musste ich nur einen kleinen Betrag für die vorhandenen Warenbestände bezahlen. Da ich diese aber komplett für die Warenproduktion verwenden konnte, war das ein normaler Posten. Es passte einfach alles. Ich würde einen bereits eingeführten Laden mit Kundenstamm übernehmen. Ich hatte geringe Kosten. Und ich kannte bereits grob ihre Umsätze. Besser konnte es nicht laufen. Vielleicht hatte ich doch einen kleinen Schutzengel, der mir nun endlich zur Seite stand. Aus ihren Zahlen konnte ich mir errechnen, dass ich die Pacht auf jeden Fall stemmen könnte. Um mich aber nicht nur gutgläubig auf irgendwelche Zahlen zu verlassen, die sie im schlimmsten Fall ja auch hätte fälschen können, erzählte ich ihr offen, dass ich mir erst einen eigenen Eindruck über die Kundenfrequenz und den Laden machen wollte. Hierzu bot sie mir etwas an, was ganz und gar nicht selbstverständlich ist und von großer Wertschätzung mir gegenüber zeugte. Sie eröffnete mir die Möglichkeit, selbst über einige Tage im Laden unentgeltlich arbeiten zu können, was ich dankend annahm. So konnte ich mir schon mal einen Überblick über die Abläufe verschaffen und lernte auch ihre Kunden und deren Wünsche kennen. Als ich feststellte, dass ihre Zahlen realistisch waren, setzten wir einen Pachtvertrag auf. Ich hatte zwar immer noch keine finanziellen Rücklagen, aber da ich von Tag 1 an realistische Umsätze erwarten konnte, würde ich mir meine Kosten direkt selbst erarbeiten können. Für die Kaution konnte ich meine Familie oder Freunde um ein kurzfristiges Darlehen bitten, da der Betrag nicht allzu hoch war. Das Jobcenter unterstützte mich als Selbstständige dieses Mal übrigens aufgrund der vorgelegten Umsätze und meiner realistischen Umsatzprognose lediglich mit meiner Krankenversicherung. Ich hätte zwar gerne komplett auf deren Hilfe verzichtet, aber so weit war ich an dem Punkt leider immer noch nicht. Wer nämlich vermutet, dass ich bei diesem oder irgendeinem anderen Fernsehformat großartig Gelder gesehen hätte, liegt komplett daneben. Heutzutage gibt es, wenn überhaupt ein Taschengeld oder aber wie in meinem Fall eine Erstattung für nachweisbar entstandene Kosten. Fernsehen hatte längst an Wert gegenüber anderen sozialen Medien wie Facebook oder Instagram verloren. Wenn ich beispielsweise für einen Dreh gebacken hatte, konnte ich dafür die Belege einreichen. Bezahlt wurde man bereits in den letzten Jahren hauptsächlich über den anstehenden Erfolg der Sendung und daraus resultierende neue Möglichkeiten durch soziale Medien. Jeder von uns hoffte also insgeheim darauf, danach als Social-Media-Star zusätzliche Einnahmen verbuchen zu können. Kristallisierte man sich nämlich beispielsweise zum Publikumsliebling heraus und erhielt dadurch viele Follower im Netz, war das etwas, wodurch man natürlich in Zukunft auch Werbeaufträge erhalten konnte. Auch ich vertraute bei dieser und den anderen Sendungen auf steigende Reichweiten meiner Kanäle bei Instagram und Facebook. Ob ich wirklich Influencer werden wollte, sei mal dahingestellt. Aber mit knapp 500 Followern auch heute noch kann davon gar keine Rede sein. Da hatten Freunde mit privaten Accounts tatsächlich oft mehr Reichweite. Das lag aber vermutlich auch daran, dass ich bis heute keinerlei Affinität zu diesen Medien habe. Ich war und bin schon immer ein wenig Oldschool gewesen. Darum erhoffte ich mir durch die Sendung und zusätzliche Medienwirkung natürlich, durch neue Follower auch weitere reale Gäste für den Laden generieren zu können. Im Fall dieser Sendung wurde beispielsweise extra eine Instagram-Seite ins Leben gerufen, die großflächig betreut wurde und für die wir auch spezielle Drehsequenzen hatten, um sie mit Inhalt zu füllen. Vom Grundsatz her also schon mal eine sehr gute Herangehensweise. Was letztlich aus der

Ausstrahlung der Sendung und meinen erhofften steigenden Reichweiten werden würde, war dennoch ungewiss. In den letzten Jahren war durch alle Dreharbeiten so gut wie nichts passiert auf meinen Kanälen. Aber immerhin hatte ich es erst mal für meine Begriffe geschafft, wieder aus dem Nichts, und dieses Mal sogar noch ohne die Aufnahme von großen Bankdarlehen oder anderen größeren Krediten, einen eigenen Laden zu führen. Und das im Endeffekt sogar ohne die aktive Hilfe meiner Mentorin über mögliche Kontakte, auf die ich beim Foodtruck zu Beginn noch gehofft hatte.

Dem Neustart stand jetzt also nichts mehr im Weg. Es fehlte wieder einmal nur noch eine Kleinigkeit – ein neuer Name. Ich würde den Laden zwar pachten und die Kunden der Vorgängerin übernehmen. Jedoch stand für mich außer Frage, dass ich keinen Laden namens »Voll süß« führen konnte. Dieser passte nicht nur nicht zu mir persönlich, sondern er suggerierte auch etwas, das mein Café nicht sein sollte – ein Kindercafé. Ich wollte das Konzept zwar nicht komplett verändern, aber dem ganzen Objekt einen etwas erwachseneren Touch, nämlich den eines szenigen kleinen Coffeeshops, geben. Und dazu gehörte aus meiner Sicht selbstredend auch ein neuer Name, damit klar war, dass jetzt hier ein neuer, frischer Wind wehte. Dieser war auch dieses Mal ziemlich schnell gefunden. »Die flotte Rita« sollte er heißen. Der Name war zwar für den Foodtruck gedacht, passte aber auch zu dem kleinen Café. Wieder war es eine Personifizierung des Ladens wie zuvor durch das Frollein Palisander. Aber man muss ja auch nicht alles ändern, selbst wenn man aus seinen Fehlern gelernt hat. Für mich zählte jetzt einzig und allein, dass ich endlich wieder ein greifbares Ziel vor Augen hatte, und machte mich neuen Mutes ans Werk und blickte wieder nach vorn.

Notbremse

Ich eröffnete »Die flotte Rita« nach kurzer Vorbereitungszeit direkt nach Ostern. Über die Feiertage ließ ich den Laden noch geschlossen und verlieh dem Laden und der Außenbestuhlung einen neuen Anstrich. Der Zeitpunkt war sehr passend, da die Ecke über die Feiertage und Ferien wie ausgestorben war. Der früher vor allem für Hausbesetzungen bekannte Kiez war inzwischen mehr und mehr zum Magnet für Familien mit Eigentumswohnungen geworden. Statt Alternativer oder Punks sah man nun immer mehr Mütter, die in Heerscharen ihre Kinder durch die Straßen schoben. Für mich waren sie gut fürs Geschäft, da ich ja Kaffee und Kuchen, hauptsächlich to go, verkaufte. Auch wenn ich das Kindercafé-Image auf lange Sicht ablegen wollte, war für mich klar, dass ich bisherige Kassenschlager wie beispielsweise das Eis nicht auslistete. Ich bekam bei Sonnenschein bereits im März mit, wie Kinder hereinströmten und nach Eis fragten. Da wäre ich schön blöd, wenn ich nicht auf deren Wünsche eingehen und mir dadurch zahlende Stammkunden vergraulen würde.

Doch anders als damals beim Frollein Palisander war meine Freude über den neuen Laden eher gedämpft. Ich ging sowohl finanziell als auch emotional sehr zurückhaltend an das Projekt heran. Für mich war der Laden ja keine richtige Herzensangelegenheit mehr, sondern ein reines Businessobjekt. Die

einzige Sorge, die ich hatte, war, keine neuen Schulden aufzubauen. Aber dagegen fühlte ich mich dieses Mal, im Gegensatz
zu meinen Erfahrungen mit dem Frollein Palisander, besser
abgesichert. Einen bestehenden Laden zu übernehmen und
neu aufzubauen war einfach weniger riskant als einen leer
stehenden oder heruntergewirtschafteten Laden wieder neu
aufzubauen.

Ich stand von nun an täglich an die zehn Stunden im Laden. Immerhin hatte ich jetzt endlich einen Laden mit Tagesgeschäft und konnte abends mehr oder weniger am Sozial-
leben meiner Freunde teilnehmen, was damals im Frollein
Palisander nicht der Fall gewesen war. Allerdings musste ich
natürlich auch kleine Einkäufe und andere Dinge für den Laden und mich selbst erledigen, sodass meine Tage trotzdem
eher Zwölfstundentage waren und ich abends wenig Kraft
und Lust hatte, etwas zu unternehmen.

Während der April fast schon hochsommerlich heiß war
und den Konsum meines Eis am Stiel, das von einer Manufak-
tur hergestellt wurde, in die Höhe trieb, ging ich ganz in der
Arbeit auf – auch wenn sich mein Verdienst sehr in Grenzen
hielt. Aber im Gegensatz zu damals saß ich nicht so häufig in
einem leeren Laden. Durch das To-go-Geschäft kamen öfter
Leute vorbei. Dennoch saß mir diese Angst weiterhin im Nacken. Aber ich konnte mir die Leerzeiten besser vertreiben. Im
Gegensatz zum Frollein Palisander als Kneipe hatte ich jetzt
als Tagesgeschäft meinen Schwerpunkt auf Kuchen gelegt. Es
gab also immer etwas für mich zu tun. Da meine Vorgängerin
auch schon gebacken hatte, übernahm ich viele ihrer Rezepte,
und ein Großteil meiner Kunden kam genau deswegen. Das
war wirklich ein Heimvorteil. Zum gängigen Repertoire fügte

ich aber schnell auch meine eigenen Favoriten hinzu. Ohne meine eigene Note wäre es nicht mein Laden gewesen, und außerdem hatte ich mittlerweile auch ein breites Repertoire an Kuchen, die ich backen konnte, anzubieten.

Ich schlug mich tapfer durch den Alltag in der flotten Rita und hoffte, dass mir die Gründershow noch viel mehr Kundschaft bescheren würde. Die Dreharbeiten liefen jetzt nun schon seit eineinhalb Jahren nebenbei und ein Ausstrahlungstermin war noch lange nicht in Sicht. Wir wurden stets vertröstet, mal auf das Frühjahr, dann auf den Sommer. Als dann endlich die Info kam, dass wir noch einen letzten gemeinsamen Dreh mit der Mentorin haben würden und es dann im Sommer endlich losgehe, spürte ich, wie die Vorfreude in mir aufstieg. Ich malte mir aus, wie nach der Sendung viele neue Gäste zu mir in den Laden kommen und sich meine Umsätze rasant steigern würden. Zwar hatte ich noch keine Vorstellung davon, wie ich große Massen alleine abfertigen wollte, da man zu zweit nur ganz schlecht im Laden arbeiten konnte, aber das würde ich schon hinkriegen. Zur Not baute ich eben an oder zog um. Ich beobachtete schon länger den Eckladen gegenüber. Ein Topobjekt, das durch einen unmotivierten Inhaber als schlecht besuchter Backshop verkümmerte. Vielleicht konnte ich ihm ja eines Tages, wenn die flotte Rita Bombe lief, ein Angebot machen, seinen Laden übernehmen und einfach über die Straße umziehen? Ich beließ es aber auch hier bei einem reinen Gedankenspiel und widmete mich wieder der Realität.

Ich sah aktuell erst einmal der Ausstrahlung sehnsüchtig entgegen. Danach könnte ich weiterträumen. In den Sommerferien während des Jahrhundertsommers unterschied sich mein neuer Laden nämlich kaum vom Frollein Palisander. Totentanz auf ganzer Linie. Die Monate zuvor war ich irgendwie über die Runden gekommen, obwohl die Umsätze sehr gering gewesen waren. Ich hatte aber allen Verbindlichkeiten irgendwie nachkommen können, war jetzt aber auf eine baldige Verbesserung angewiesen. Wenn die Umsätze nicht innerhalb der nächsten drei Monate stiegen, würde ich den Laden wieder abgeben müssen. Ich setzte also all meine Hoffnung auf eine erfolgreiche TV-Ausstrahlung. Und hatte wenig Bedenken, dass da irgendetwas schiefgehen könnte. Wir hatten eine prominente Mentorin und als Gründerinnen interessante Gründungsideen vorzuweisen. Ich war voller Zuversicht und freute mich wie ein Schneekönig auf die Ausstrahlung der ersten Sendung.

Als die Pressemitteilungen endlich rauswaren, lief der Countdown. Mit dem Sendetermin im Hochsommer waren wir aber alle nicht zufrieden. Ein neues Format im Sommer anzusetzen, war immer ein Risiko. Die Leute waren lieber im Freibad oder saßen abends noch lange im Garten, anstatt vor der Glotze zu sitzen. Wir mussten uns damit abfinden. Fünf statt geplanter acht Sendungen sollten von August an montags zur Primetime bis Mitte September ausgestrahlt werden. Als wir die Programmvorschauen entdeckten, waren einige von uns, auch ich, jedoch entsetzt. Wir stellten fest, dass offenbar nicht jede von uns in der ersten Sendung zu sehen sein würde. Lediglich eine mehrminütige Kurzvorstellung sollte erfolgen. Danach würden wir alle nacheinander erzählt werden. Ich würde dann erst in Folge drei zu sehen sein.

Ich unterdrückte meine Enttäuschung und fieberte der Ausstrahlung der ersten Sendung entgegen, die ich mir jedoch ganz für mich alleine anschauen wollte. Einige meiner

Freunde hatten auch bei einigen Drehs mitgewirkt und waren über meine Entscheidung zunächst irritiert. Sie freuten sich scheinbar noch mehr als ich darauf, dass es endlich losging. Doch für meine Erklärung, dass ich mich nach dem Schock mit der Backshow damals erst einmal alleine in das Format einfinden wollte, hatten sie vollstes Verständnis. Ich hatte die Drehs zwar selbst miterlebt, und es gab eigentlich nichts, wofür ich mich schämte. Aber mit welchem Schwerpunkt eine Produktion das Gedrehte letzten Endes zusammenschneidet, war weiterhin bei solchen Produktionen ein unberechenbarer Faktor. Von daher war ich trotz Vorfreude gleichzeitig sehr abwartend. Denn das, was ich erlebt hatte und was die Zuschauer zusammengeschnitten davon zu sehen bekommen würden, konnten zwei Paar Schuhe sein und im schlimmsten Fall ein ganz anderes Licht auf mich werfen, als mir lieb war. Die dritte Sendung, ab der ich zu sehen sein würde, wollten wir uns dann aber gemeinsam im Fernsehen anschauen.

Als die erste Sendung über den Äther flimmerte, war ich total geschockt. Ich wusste ja von den anderen Gründerinnen, was sie vorhatten und was sie gedreht hatten. Aber die Art und Weise, wie die Sendung geschnitten war, entsprach nicht meiner Vorstellung eines hochwertigen TV-Formates über selbstständige Gründerinnen, so wie es uns zuvor angepriesen wurde. Zu sehr wurden Emotionen aus den Gründerinnen herausgepresst und diese Szenen dann auch noch total übertrieben in die Länge gezogen. Mir gefiel das, was ich da zu sehen bekam, überhaupt nicht. Wenn ich es beim Zappen entdeckt hätte, hätte ich sofort weggeschaltet. »Trash-TV« wäre dazu dann noch mein nettester Kommentar gewesen. Und hierbei hatte ich also mitgewirkt? Und das, wo ich zuvor noch dachte, nach meiner Performance in der Backshow könnte es nicht mehr schlimmer kommen? Ich versuchte, mich aber damit zu beruhigen, dass ich im Gegensatz zu damals bei diesen Drehs keine Heulsuse war, sondern wirklich schöne und intensive Drehtage hatte und jetzt sogar noch einen eigenen Laden besaß. Aber die Angst wuchs, demnächst in einem ungünstigen Licht dargestellt den Zuschauern entgegenzuflimmern. Denn auch meine Freunde und Bekannten waren nicht begeistert von der Art, wie sich die Sendung zusammensetzte. Zu viel Geheul und Gejammer und zu wenig Business ließen sie verlauten. Die allgemeine Enttäuschung war also groß. Von den Reaktionen der anderen Gründerinnen ganz zu schweigen. Die Quoten am nächsten Tag sowie die Resonanz der Medien waren fast wie zu erwarten niederschmetternd. Nicht nur die gezeigten Teilnehmerinnen, sondern auch unsere Mentorin wurden regelrecht gesteinigt. Auch die Quoten passten nicht. Statt einer Million schauten nur knapp 300.000 Menschen zu, also nur ein Drittel dessen, was erwartet worden war. Würde der Sender daraus die Konsequenzen ziehen und die Sendung komplett absetzen?

Nein. Man gab dem Format noch eine Chance, sodass eine Woche später alle Hoffnungen auf der zweiten Folge ruhten. Diese Folge war zum Glück schneller geschnitten und nicht mehr ganz so melodramatisch gestaltet, obwohl es auch hier um sehr persönliche Themen ging. Die Hoffnung keimte auf, dass die erste Folge einfach etwas holprig war und die Sendung nun zu ihrem roten Faden gefunden hatte, der die Zuschauer begeistern könnte.

Die Quote am nächsten Tag war nichtsdestotrotz aber sogar noch schlechter, als die von der ersten Folge. Durch die schlechten Kritiken nach der ersten Sendung schalteten also noch weniger Menschen ein. Wir Gründerinnen zitterten jetzt alle und konnten über nichts anderes mehr reden als darüber, wie es mit der Sendung weitergehen würde. Als wir einen Tag später eine Nachricht vom Produzenten erhielten, hatten wir Gewissheit in dem, was wir bereits vermuteten. Der Sender habe sich schweren Herzens entschieden, das Format sofort abzusetzen. Darauf folgte viel mitleidvolles Blabla, bei dem ich meine Ohren auf taub schaltete. Ich hatte es bereits nach der ersten Sendung geahnt. Das Gründerinnenformat hatte voll verkackt!

Eineinhalb Jahre Dreharbeiten – komplett für die Katz. Ich war noch nicht einmal zu sehen gewesen außer auf einem Pressefoto, auf dem ich auch noch so aussah, als würde mir ein Bein fehlen, weil es unter meinem Petticoat verschwand. Wie konnte das niemandem auffallen? Aber da mich eh kaum jemand überhaupt zur Kenntnis genommen hatte, dass ich an der Sendung teilnahm, war mir dieser Fauxpas dann auch egal. Ich konnte meine Nichtwahrnehmung nämlich auch sehr gut bei Instagram beobachten und daran, dass ich keinerlei Schreiben oder Kommentare erhielt. Während die Teilnehmerinnen der ersten Sendung Zuwächse an Followern verzeichneten, passierte bei mir rein gar nichts. Noch nicht einmal durch Verlinkungen der Social-Media-Seite der Sendung selbst. Die hatte nämlich auch kaum Menschen, die ihr folgten, was nach der Resonanz niemanden verwunderte.

Wieder einmal waren meine Hoffnungen enttäuscht worden. Ich würde weder im TV zu sehen sein noch würde mein

Laden von Zuschauerhorden überrannt werden, die alle meine Mini-Naked-Cakes probieren wollten. Das waren kleine Minitörtchen, die ich extra für die Sendung produziert hatte. Sie waren eine Art kleine Torten für auf die Hand im angesagten Semi-Naked-Cake-Style. Das hieß, sie waren halbdurchlässig mit Creme ummantelt, wodurch die Böden noch leicht durchschimmerten. Ein Trend, der sich bei Hochzeitstorten bereits seit mehreren Jahren durchgesetzt hatte. Ich wollte damit dem Cupcakes-Hype etwas Besonderes entgegensetzen und mir dadurch in Berlin einen Namen machen. War wohl nichts. Gleichzeitig war es in gewisser Weise auch ein Glücksfall, dass mich niemand mit diesem Format in Zusammenhang brachte. Während der Shitstorm eine Teilnehmerin besonders traf, was mir für sie wirklich sehr Leid tat, kam ich mehr oder weniger unbemerkt davon. Die letzten drei Folgen, in denen auch ich vorkam, wurden zwar noch bei einem Streamingdienst für ein paar Wochen gezeigt, aber diejenigen, die sich das anschauten, ließen sich vermutlich an einer Hand abzählen.

Ich selbst sah mir die letzten drei Folgen in einem Marathon direkt hintereinander an und kotzte mir am nächsten Tag die Seele aus dem Leib. Eine ungewollte, aber offenbar adäquate Reaktion auf alles. Ich löschte alle Posts auf meinem Instagram-Account, die mich mit dieser Sendung in Zusammenhang brachten, und nach knapp zwei Wochen war die Sache für mich mehr oder weniger abgehakt. Ich schämte mich zwar nicht für meine Teilnahme, wollte aber auch damit erst mal nichts mehr zu tun haben. Mit der Darstellung in der Sendung war ich tatsächlich gar nicht so unzufrieden, wie ich zunächst vermutet hatte. Zwar wurden einige mir wichtige Elemente wie beispielsweise mein tolles Erlebnis beim Wakeboarden nicht gezeigt, aber insgesamt wurde ich stimmig dargestellt. An einigen Stellen empfand ich mich im Vergleich zu den anderen sogar fast schon langweilig, da es bei mir dieses Mal im Gegensatz zur Backshow keine Dramen oder Ereignisse, die mir unangenehm gewesen waren, gab. Vielleicht hatte ich deshalb auch vergleichsweise wenig Sendezeit erhalten. Wer schaut schon gerne jemandem lange zu, bei dem alles nach Plan verläuft? Viel spannender für den Zuschauer solcher Fernsehformate sind nun mal unvorhergesehene Ereignisse und erkennbare Emotionen. Das wusste ich nicht erst seit meiner Teilnahme an solchen Sendungen, sondern auch schon davor. Aber durch mein Mitwirken wurde es mir erst spürbar bewusst.

In der Zeit danach war ich klar und ernüchtert. Ich war weder depressiv noch traurig. Ich ging sehr sachlich an alles heran. Offenbar hatte ich mir, ohne es zu merken, ein dickeres Fell zugelegt. Ich wusste endlich, wer ich war und was ich konnte. So sehr sich also die Teilnahme an der Sendung kurz nach deren Absetzung wie ein Griff ins Klo angefühlt hatte, blieb ich mir doch der Sache bewusst, dass ich den Laden nie in Angriff genommen hätte, wenn ich nicht die Sendung im Nacken gehabt hätte. Dafür war ich wirklich sehr dankbar.

Keinen Monat später, kurz nach meinem 40. Geburtstag, den ich mit meiner Freundin Barbara, die in den letzten zehn Jahren stets an meiner Seite gestanden hatte, in Hamburg verbrachte und der mein tollster Geburtstag überhaupt war, traf ich eine Entscheidung. Ich würde den Laden abgeben.

Ich stand tagtäglich im Laden und verdiente trotzdem nicht gut genug, um davon auf Dauer ohne Unterstützung vom Staat leben zu können. Immerhin machte ich dieses Mal keine Schulden bei Gläubigern. Der Winter stand jedoch vor der Tür, und ich wusste, dass die Umsätze dann schlechter werden würden. Die Sendung hatte in Bezug auf ein mögliches höheres Gästeaufkommen, das mich eventuell über den Winter retten konnte, nichts bewirkt. Der Laden war aufgrund der Größe und der Terrasse nun mal ein Sommerladen. Meine Vorgängerin hatte im Winter sogar mehrere Monate geschlossen gehabt, was ich mir finanziell aufgrund der laufenden Kosten absolut nicht erlauben konnte. Und so schnell einen anderen Job zu finden, um die Pacht auch für den Winter zahlen zu können, war für mich auch keine realistische Alternative. Ich besann mich also auf meine Erfahrungen mit dem Frollein Palisander. Ich spürte ganz deutlich in mir, dass ich so etwas nicht noch einmal durchmachen wollte. Wozu auch? Ich hatte mir bewiesen, dass ich einen Laden führen konnte. Dass ich nicht ein solcher Versager war, wie mir mein innerer Diktator nach dem Scheitern immer wieder selbst vorgeworfen hatte. Ich machte es dieses Mal anders.

Ich zog rechtzeitig die Notbremse.

EPILOG

Heute, fast ein Jahr nach der Übergabe der flotten Rita an einen anderen Pächter, fühle ich mich nach all den Jahren das erste Mal frei. Ich habe weder Schulden gemacht noch habe ich das Gefühl, mit dem Laden versagt zu haben. Ganz im Gegenteil. Ich habe das sichere Gefühl, dass ich nach langer Zeit endlich mal alles richtig gemacht habe. Ich habe einen bereits eingeführten Laden übernommen, mir bewiesen, dass ich etwas draufhabe und dann, als klar war, dass die Umsätze nicht reichen würden, um weiterzumachen, rechtzeitig die Notbremse gezogen. Ich bin mir momentan noch nicht ganz sicher, wie mein Leben weitergehen wird. Denn in mir schlägt weiterhin das Herz des ungezähmten Wildpferdes, das selbstbestimmt arbeiten und leben möchte. Ich würde mir gerne die Möglichkeit offenhalten, meine Zelte jederzeit abbrechen zu können. Vielleicht auch, um eines Tages meinen Traum verwirklichen zu können, mit Mann und Mops am Meer zu leben. Dieser Wunsch ist jedoch für mich aktuell noch nicht in greifbarer Nähe. Aber eines weiß ich derzeit sehr genau: Ich habe beschlossen, mich wieder mehr dem Fluss des Lebens anzuvertrauen und abzuwarten, wohin meine Reise, auch mit der Veröffentlichung dieses Buches, gehen wird. Das ist etwas, das ich gerade durch die Erfahrungen meines Scheiterns verlernt habe: loszulassen und darauf zu vertrauen, dass mir das Leben dabei hilft, meinen Weg zu finden. Was bin ich doch oft gerudert und habe verzweifelt teilweise überreagiert, nur weil ich nicht daran glaubte, dass mir etwas Höheres den Weg ebnen könnte. Doch um zu dieser Erkenntnis zu gelangen, musste ich einige Umwege in Kauf nehmen. Auch der Weg zum persönlichen Glück ist ähnlich wie der des beruflichen Erfolgs eben nicht immer geradlinig, sondern eventuell auch mit Stolpersteinen versehen. Ob für mich jetzt endlich die Zeit gekommen ist, mich von alten Denkmustern zu befreien und wie Phoenix aus der Asche in ein erfolgreiches Leben aufzusteigen?

Während ich dieses Buch geschrieben habe, hat sich mein innerer Diktator weiterhin häufig zu Wort gemeldet. Auch nach den vielen Jahren mit Therapien und Antidepressiva habe ich ihn immer noch nicht komplett mundtot gekriegt. Mittlerweile bin ich längst austherapiert. Das habe ich auch meiner letzten Therapeutin zu verdanken, durch die ich gelernt habe, dass ich selbst in der Lage bin, mir zu helfen, auch wenn ich das oft immer noch nicht glauben kann. So ein Diktator kann einem auf Dauer das Gefühl geben, hilfloser zu sein, als man es wirklich ist. Das kann man dann fast schon als erlernte Hilflosigkeit bezeichnen, hinter der ich mich unbewusst versteckt habe. Der Diktator aber hat für mich mittlerweile immer mehr an Macht verloren. Ich habe mir in den letzten Monaten wieder öfter Scheuklappen aufgesetzt, damit ich mich besser auf mich und das Erlebte fokussieren konnte. Dabei hatte ich zwar oft das Gefühl, dass dadurch mein Privatleben und meine Freunde zu kurz kommen. Dieses Abtauchen und Verarbeiten hat meiner Seele im Endeffekt nochmal sehr gutgetan. Denn auch wenn ich mich schon viele Jahre mit all diesen Themen beschäftigt habe, bin ich durch das Schreiben nochmal extrem in die Tiefe gegangen. Manchmal mehr, als mir lieb war. Dachte ich doch, ich hätte hierzu schon alles gesagt und innerlich verarbeitet. Durch den Korrekturprozess meiner Lektorin wurde ich jedoch noch auf so manch ungelöste Themen in mir hingewiesen. Dafür bin ich ihr trotz der Tatsache, dass ich teilweise Schaum vor dem Mund vor innerer Wut oder Verzweiflung hatte, unendlich dankbar. Sie hat mir dabei geholfen, nach so vielen Jahren meine Themen nochmal aus einer anderen Perspektive zu betrachten und endlich einen Haken hinter dieses Lebenskapitel setzen zu können. Und doch freue ich mich nun wieder auf das Leben im Hier und Jetzt. Meine Freunde sind natürlich auch während des Schreibprozesses geblieben. Sie sind und waren immer für mich da. Ebenso wie meine Familie. Das ist nicht selbstverständlich und das weiß ich sehr zu schätzen. Ohne meine Unterstützer hätte ich es vermutlich nicht geschafft, mich aus den Abgründen der Insolvenz zu befreien und diese schwere Zeit durchzustehen.

Während für manche Scheitern kein Weltuntergang ist, habe ich mir jahrelang den Mantel des Versagens über meine komplette Persönlichkeit gestülpt. Es gab eine Zeit lang wenig, bei dem ich dachte, dass ich überhaupt dazu fähig wäre. Ich war gefühlt so vieles. Ein schwieriges Sorgenkind. Eine peinliche Lachnummer. Ein absoluter Versager. Aber trotz dieser negativen Gefühle kann ich eines mit Sicherheit sagen: Ich habe erkannt, wie wichtig es ist, sich niemals aufzugeben. Ich bin immer wieder aufgestanden und habe versucht, irgendwie weiterzumachen – allen Zweifeln und allem Selbsthass zum Trotz. Auch wenn ich, gerade nach dem schweren Zusammenbruch nach der Backshow, sehr lange seelisch ganz weit unten war. So wollte ich ums Verrecken nicht liegen bleiben und mich aufgeben. Manchmal dauert es einfach etwas länger, sich wieder aufzurappeln. Das Leben hat für mich so viel zu bieten, für das ich weitermachen will. Ich will und werde niemals aufhören, neue Träume zu entwickeln und diese auch zu leben. Pragmatische Projekte wie die flotte Rita wird es sicherlich auch immer wieder mal geben. Aber ich habe festgestellt, dass ich doch lieber mit ganzem Herzen bei einer Sache dabei bin, um mich aus tiefster Seele verbunden fühlen und alles geben zu können. Es tut zwar mehr weh, wenn man mit einem Herzensprojekt scheitert. Aber ich bin bereit, mich zur Not auch diesen Schmerzen wieder zu stellen. Denn nichts fühlt sich für mich als Wildpferd schlimmer an als ein Leben im gedrosselten Schritttempo. Dann doch lieber aus vollstem Herzen mit Schwung durchs Leben galoppieren.

Meine Geschichte zu lesen, war für einige Leser sicherlich vergleichbar, der TV-Sendung »Wer wird Millionär?« zuzuschauen. Jeder kennt die Situation, wenn ein Kandidat an einer Frage scheitert, die man selbst doch ganz locker hätte beantworten können. Und auch der Kandidat fasst sich später meist an den Kopf, wenn er die richtige Antwort kannte. Aber vielleicht hatte er die Antwort auch gar nicht gewusst, weil es einfach nicht sein Wissensgebiet war. Letztlich veranschaulicht dieses Beispiel eine Lebenssituation, in der man selbst steckt und aus der man selbst auch ganz alleine herausfinden muss. Warum heißt es sonst »Hinterher ist man immer schlauer«?

Aus meiner Sicht eben, weil man es vorher nicht besser wissen konnte oder eben weil man in der Situation gefangen war und der nötige Abstand fehlte, um anders handeln zu können. Man kann aus Fehlern lernen, wenn man es zulässt. Das wiederum hängt von der eigenen Persönlichkeitsstruktur ab. Manche Menschen schieben ihr Leben lang äußeren Umständen die Schuld in die Schuhe für ihr Scheitern und übernehmen keine Verantwortung für ihr eigenes Zutun. Andere wiederum suchen die Fehler ausschließlich bei sich selbst und verurteilen sich dafür jahrelang und bestrafen sich dadurch zusätzlich. Ich ordne mich selbst Letzteren zu und habe für mich anhand dieser Erfahrungen besser erkannt, wie ich generell ticke. Ich wurde durch das Scheitern mit dem Frollein Palisander dazu aufgefordert, zu erkennen, wer ich bin, wie ich mit Extremsituationen umgehe, wo meine Stärken und Schwächen liegen. Und auch welche destruktiven Glaubenssätze mich über viele Jahre hinweg durch das Leben begleitet haben. Wie zum Beispiel, dass ich als Mensch, so wie ich bin, nicht in Ordnung bin und es auch nicht wert bin, erfolgreich zu sein oder geliebt zu werden. Letztlich war nicht so sehr das Erkennen der begangenen Fehler, sondern vielmehr die Akzeptanz meiner eigenen Persönlichkeitsstruktur für mich die allergrößte Lernerfahrung. Denn sich selbst zu kennen und wertzuschätzen ist aus meiner Sicht überhaupt erst die Grundlage, Resilienzfähigkeiten entwickeln zu können, um sich in Krisensituationen nicht aus der Bahn werfen zu lassen. Auf die Insolvenz als Lernerfahrung hätte ich aber trotzdem gerne verzichtet. Sie war eine Lektion, für die ich teuer bezahlt habe. Aber ohne sie wäre ich jedoch nicht dort angelangt, wo ich heute bin. Ich weiß jetzt, wie tief man fallen kann. Sowohl finanziell als auch seelisch. Und ich weiß mittlerweile auch, wie viel Kraft es kostet, sich aus diesem Sumpf herauszukämpfen Aber ich habe es geschafft!

Das heißt für mich aber noch lange nicht, dass ich mich nun faul zurücklehnen oder gar stehen bleiben dürfte. Mein Leben bleibt für mich weiterhin eine spannende Herausforderung und nichts ist »in trockenen Tüchern«. Muss es aber für mich vielleicht auch gar nicht. Irgendwie liebe ich es auch, dass mein Leben stets in Bewegung und dadurch unglaublich abwechslungsreich ist. Die Scheu davor, erneut zu scheitern, wird mich aber sicherlich mein Leben lang begleiten und auch an den richtigen Stellen bremsen. Aber ich habe das Gefühl, dass ich die Zügel endlich wieder in der Hand habe und selbst bestimmen kann, wohin meine Reise geht.

Dabei bin ich durchaus eine andere als jene Frau, die vor über zehn Jahren diese Reise angetreten ist. Meine Erfahrungen mit dem Scheitern haben mich verändert. Als Vollblut-Optimistin würde ich mich heute nicht mehr beschreiben. Ich bin vorsichtiger geworden, aber noch lange keine Pessimistin. Eher eine gereifte, erwachsene Frau, die sich auf Erfahrungen berufen kann und trotzdem positiv in die Zukunft blickt. Ich sehe aber deshalb noch lange nicht in jeder Krise eine Chance. Ich bin wahrlich nicht erpicht darauf, irgendwann erneut zu scheitern. Scheitern ist für mich weiterhin scheiße und gehört nicht zu den Lebensumständen, die ich gerne durchlebe. Aber ich werde damit leben müssen, dass es kein Leben ohne Rückschläge gibt. Nur weil man einmal gescheitert ist und etwas daraus gelernt hat, heißt das noch lange nicht, dass man nicht in einem anderen – oder gar demselben – Lebensbereich wieder scheitern könnte.

Was ich jedoch gelernt habe, ist, dass mich der Sturm des Lebens nicht mehr so einfach aus der Bahn werfen kann. Ich habe meine Spur gefunden und bin widerstandsfähiger geworden. Ich bereue keinen meiner bisherigen Schritte, auch wenn sie mich manchmal in falsche Richtungen geführt haben. Immerhin bin ich sie gegangen und nicht aus Angst vor der Ungewissheit, was mich erwartet, stehen geblieben.

> *Nur wer mutig ist und sich bewegt,*
> *kann etwas verändern.*
> *Nur wer eigene Grenzen überschreitet,*
> *kann sich entfalten.*
> *Und nur wer seine Ängste über Bord wirft*
> *und auf unbekannten Pfaden entlanggeht,*
> *kann am Ende einen goldenen Mops entdecken.*

DANKSAGUNG

Ich halte nicht viel von namentlichen Aufreihungen und Rankings derer, die mich unterstützt haben, da ich dann das Gefühl hätte, jemanden zu vergessen oder nicht an die richtige Stelle gesetzt zu haben.

Stattdessen möchte ich einfach all meinen Freunden, Mentoren und natürlich meiner Familie für die Unterstützung in den letzten Jahren danken.

Ohne euch hätte ich diese Zeit nicht durchgestanden und hätte mich erst recht nicht getraut, dieses Buch zu schreiben.

Also, muchas grazias, merci beaucoup und dank u well!

ÜBER DIE AUTORIN

© Torsten Halm

Martina Leisten, geb. 1978, eröffnete nach dem Studium ihr eigenes Café ohne finanzielle Rücklagen und musste es bereits nach wenigen Monaten schließen und Privatinsolvenz anmelden. Was dieses Scheitern mit ihr gemacht hat, erzählte sie vor großem Publikum bei der *Fuckup Night Berlin* und wurde durch ihre schonungslos ehrliche Art schnell ein gern gesehener Gast im TV und bei Printmedien. Neben TV-Auftritten wie bei *Maischberger*, *NZZ Format* hat sie Printmedien wie *Zeit online*, *Dummy*, *Emotion* und *Guido* Interviews gegeben. Sie lebt derzeit als Single in Berlin. Sieht sich in der Zukunft aber mit Mann und Mops am Meer. Als nächstes plant sie, sich zum Coach ausbilden zu lassen, um anderen dabei zu helfen, ihre Träume zu verwirklichen.